理想国译丛

036

想象另一种可能

理
想
国
imaginist

理想国译丛序

"如果没有翻译，"批评家乔治·斯坦纳（George Steiner）曾写道，"我们无异于住在彼此沉默、言语不通的省份。"而作家安东尼·伯吉斯（Anthony Burgess）回应说："翻译不仅仅是言词之事，它让整个文化变得可以理解。"

这两句话或许比任何复杂的阐述都更清晰地定义了理想国译丛的初衷。

自从严复与林琴南缔造中国近代翻译传统以来，译介就被两种趋势支配。

它是开放的，中国必须向外部学习；它又有某种封闭性，被一种强烈的功利主义所影响。严复期望赫伯特·斯宾塞、孟德斯鸠的思想能帮助中国获得富强之道，林琴南则希望茶花女的故事能改变国人的情感世界。他人的思想与故事，必须以我们期待的视角来呈现。

在很大程度上，这套译丛仍延续着这个传统。此刻的中国与一个世纪前不同，但她仍面临诸多崭新的挑战。我们迫切需要他人的经验来帮助我们应对难题，保持思想的开放性是面对复杂与高速变化的时代的唯一方案。但更重要的是，我们希望保持一种非功利的兴趣：对世界的丰富性、复杂性本身充满兴趣，真诚地渴望理解他人的经验。

理想国译丛主编

梁文道　刘瑜　熊培云　许知远

[日] 鹤见俊辅 著　　邱振瑞 译

战争时期日本精神史
1931—1945

SHUNSUKE TSURUMI

戦 時 期 日 本 の 精 神 史

1931—1945年

北京日报出版社

SENJIKI NIHON NO SEISHINSHI, 1931—1945

By Shunsuke Tsurumi

© 1982, 2001, 2015 by Taro Tsurumi

Originally published in 1982 by Iwanami Shoten, Publishers, Tokyo

This simplified Chinese edition published 2019

by Beijing Imaginist Time Culture Co., Ltd., Beijing

by arrangement with Iwanami Shoten, Publishers, Tokyo

All rights reserved.

北京出版外国图书合同登记号：01-2019-5046

本书中文简体字译稿版权由台湾行人出版社授权

Simplified Chinese translation copyright © 2008 邱振瑞

图书在版编目(CIP)数据

战争时期日本精神史：1931—1945 / (日) 鹤见俊
辅著；邱振瑞译. —— 北京：北京日报出版社, 2019.9（2024.7重印）
（理想国译丛）

ISBN 978-7-5477-3456-8

Ⅰ. ①战… Ⅱ. ①鹤… ②邱… Ⅲ. ①思想史–研究
–日本–1931–1945 Ⅳ. ①B313.5

中国版本图书馆CIP数据核字(2019)第177162号

责任编辑：许庆元
特邀编辑：梅心怡
装帧设计：陆智昌
内文制作：李丹华

出版发行：北京日报出版社
地　　址：北京市东城区东单三条8–16号东方广场东配楼四层
邮　　编：100005
电　　话：发行部：（010）65255876
　　　　　总编室：（010）65252135
印　　刷：山东临沂新华印刷物流集团有限责任公司
经　　销：各地新华书店

版　　次：2019年9月第1版　2024年7月第5次印刷
开　　本：965毫米 × 635毫米　1/16
印　　张：15
字　　数：166千字
定　　价：65.00元

如发现印装质量问题，影响阅读，请与印刷厂联系调换：0539-2925659

异端之必要

许知远

一

　　最后一次谈及鹤见俊辅，是在一家过分拥挤的意大利餐厅里。这是纽约 4 月的一个傍晚，我与坂本龙一斜对而坐。

　　比起工作室内的不无拘谨，此刻的坂本情绪亢奋，不无孩子气式的调皮。比起谈论我不在行、他或许也感到厌倦的音乐话题，日本的思想传统更激起彼此的兴趣。

　　他说，要是碰到吉田松阴，就会猛击他一拳——正是这位长州藩士最先提出入侵朝鲜与中国；他还说，与夏目漱石最有共鸣，因为他也身处东西文明之间。

　　在一张餐巾纸上，我写下了几个日本知识分子的名字，丸山真男、加藤周一以及鹤见俊辅。在我有限的理解中，他们是战后日本社会的关键人物，他们的思想与行动塑造了一代人的成长。出生于 1950 年的坂本龙一虽以作曲家享誉世界，他的青年时代却恰好与战后的思想自由、社会介入、反叛意识紧密相连。在一则广为流传的故事中，英俊少年坂本龙一，坐在抗议的人群中，弹奏一首德彪西。看到餐巾纸上的这些名字，坂本更为激动，他回忆起父亲的文人朋友，以及自己的青春。

对丸山与加藤，我尚读过一些著作。对鹤见俊辅，我的印象则来自刚刚读过的访谈录《战争留下了什么》。在其中，他谈论自己的童年、所经的太平洋战事、创办的杂志、对战后政治与思想世界的介入、学生运动，以及他著名的"转向"研究——一代日本知识人在战争中如何放弃自己的立场，投身于军国主义。

他直率、顽童般的个性，一下子征服了我。他说自己是个典型的不良少年，十二三岁就逃学、喝得烂醉，混迹于东京的风月场所，多次想自杀，有一次吞下了一百五十粒安眠药，幸亏警察制止及时。

这自我伤害的冲动源于家庭。他外祖父后藤新平，曾出任台湾的民政长官、满铁总裁与东京市长，是明治、大正年代著名的政治人物，参与了日本陡然的对外扩张。母亲是位控制狂，以一种令人窒息的方式爱着儿子，甚至因偷吃华夫饼而体罚他。她期望将儿子培养成一位"绝对正确"的男人。父亲鹤见祐辅正是这样的"正确"男人。他以一高第一名考入东京帝国大学，接着成为一名自由派作家与政客，以成为总理大臣为己任。他把自己的雄心传递给儿子，为他起名俊辅，正是取自第一任总理大臣伊藤俊辅（即伊藤博文）。

鹤见俊辅是这个贵族之家的反叛者。十五岁拍摄的照片上，他理着寸头，满脸的桀骜不驯。这是 1937 年的东京，日本正全面卷入与中国的冲突。为了将他从自虐的境遇中解脱出来，父亲送他前往美国。凭借勤奋与天资，他进入哈佛攻读哲学，老师包括蒯因（Willard van Orman Quine）、卡尔纳普（Rudolf Carnap）等著名人物。尽管受实证主义训练，他却对怀特海（A. N. Whitehead）的一句话记忆尤深，"Exactness is a fake"（精确是虚假的）。

太平洋战争的爆发，他因日本身份以及对无政府主义著作的偏爱，被送进拘留所，在马桶上完成学位论文。1942 年，他被遣返回日本后，发现这已变成了一个陌生的国家。从前的自由主义和社会批判力量几近消失，人人生活在被监控的恐惧中，似乎日本自身而非美国才是敌国。

他随后被派往爪哇，为海军翻译敌台新闻。在这热带岛屿的军营里，思想自由几乎是不可能的，周围人皆沉浸在日本必胜、干掉"鬼畜美英"的情绪中。他每日紧绷嘴唇，一个多余的字都不讲，只有在独自阅读宗教作品或收听印度的广播时，才稍感安慰。他发现印度的 BBC 广播节目内容尤其好，后来得知它的制作人是乔治·奥威尔（George Orwell）。恐惧渗透入他的肢体动作中，被长官问话时，为了掩饰内心的真实想法，鹤见的手不由自主地在裤子蹭来蹭去，将白裤蹭成黑色。

他躲过了死亡。返回日本不久，在收音机里听到天皇宣布终战的消息时，他记得热海车站中，候车室的人"都不说话，谁都什么也不说……就只是坐着"。

美军的到来，并没有将鹤见从孤立中解救出来，他反而陷入双重的羞愧。他既内疚于没有在战争时期做出公开反抗和遭到逮捕，也内疚于自己曾跟着美军返国又会说英语。随着占领军的到来而萌生的屈辱，让他尽管英语流利，又有不少哈佛的同学在驻军工作，却始终没有加入这股新潮流。

1946 年初夏，他找到了表达自我的方式。他参与创办了一份只有三十二页、纯粹出于兴趣的杂志——《思想的科学》。这本杂志所提出的"多元主义"正契合新的时代精神——正是一元的权力与价值系统，将日本拖向了毁灭。创办者中的丸山真男、都留重人皆是正在崛起的年轻思想家。也是借由这本杂志，二十四岁的鹤见俊辅展露出他的独特的思想方式。

在接下来的三十年中，鹤见俊辅成为动荡、却也充满活力的政治与思想生活中，最令人难忘的角色之一。《思想的科学》引介美国哲学、思想启蒙，前往各地组织读书会，征集年轻作者。鹤见还公开抗议政府的举措，辞去教授职位，更组织"越平联"，抗议越南战争、营救美国逃兵。

这些行动也代表着他的思维方式，把各种事物、现象，都作为思想的日常形态加以考察。比起抽象、绝对的观念，他更信任个人经验，尽管这经验可能是片面的。他的家庭、他父亲的选择、他的战时体验，都成为他研究的出发点。

他最重要的"转向"研究也是如此。1959 年至 1961 年间，他与合作者完成了三卷本《转向》，追溯并讨论为何在战时日本，知识分子们，不论他们是马克思主义者、自由派，还是宗教人士，皆在国家权力的强制下，半强迫、半自愿地转变了思想。

"转向"肇始于1933年5月，东大新人会的发起者，也是当时最著名的马克思主义者佐野学与锅山贞亲，撤回了他们之前的主张，包括废除天皇制、赋予包含殖民地在内的各民族的自治权，也不再反对"满洲事变"（九一八事变），反而宣称要从苏联的桎梏中解脱出来，尊重天皇代表的文化价值。与欧洲不同，自由主义、人道主义、实证主义对日本的影响一直微弱，马克思主义是对现实最有力的批判武器。它的失败，意味着批判力量的放弃，而民主主义和自由主义更是毫无抵抗力，社会旋即滑向法西斯主义。

鹤见俊辅想要探究这一切是如何发生的。他说，这项研究是他对父亲经验的回应。他的父亲是著名的自由主义者，说一口漂亮的英语，但战事一起，他立即投身于军国主义，没有做出任何抗议，美军到来后，他又期望能担任首相，并在最终出任了厚生大臣。在鹤见眼中，父亲正是日本的缩影——充满明确的外部目标，内在却极为空洞。

二

我想象了"亲子丼"的香气。鸡蛋包裹着鸡肉的盖饭，在审讯室中一定散发着无法抵御的诱惑。这是战前的日本警察对付激进大学生的方法，在严刑拷问后，警察局局长会自掏腰包，叫来这道流行的料理，在你吃饭时，不谈政治思想，只说些"你的母亲很担心你"的话。这些年轻人很少不为此打动，承认思想的错误。

在《战争时期日本精神史》上，我读到这个小小插曲，它是生动、难忘的历史细节。鹤见俊辅绝大部分作品尚未进入中文世界，包括著名的三卷本《转向》。因此这本两百多页的演讲集，或许是个理解鹤见俊辅的便捷入门，你可以一窥他的问题意识与思想方式。它其中充满了"亲子丼"式的细节。

"从现在开始，我要谈论的主题是，1931年至1945年的日本精神史"，鹤见以这句话开始了演讲。这是1979年秋天的蒙特利尔，他为麦吉尔大学的年轻学者讲述战时日本。尽管只有十个学生，这持续了七个月的讲座，给五十七岁的鹤见一个重新审视自己多年研究的机会。使用英文而非日文授课，更为这种审视增添了新维度。

十五年战争，鹤见俊辅富有创建性地提出了这一概念。按照西方世界的眼光，日本人的战争直到1941年的珍珠港事变才开始，而按照中国的视角，它其实从1931年就已发生。而按照鹤见的个人经验，尚在读小学的他记得，政府用"满洲事变""上海事变""日支事变"这些声明，令人觉得它们都是孤立的事件，但事实上，它们是连续的战争状态。

这十五年，因为其极端性，也是理解日本的最佳切片。一个因为明治维新而成为东方楷模的国家，一个在大正时期展现出世界主义与民主主义的国家，如何突然变成了一个反西方、高度专制的国家？那个以礼貌、美感闻名的民族，如何突然变成了杀戮机器？这一段时光，是日本历史中的偶发事件，还是具有某种必然性？

这些日本问题，就像希特勒时代的德国，或是墨索里尼时代的意大利一样，不仅与本国相关，更具有普遍的意义。专制，这种政治生活之癌，是如何一点点侵蚀一个健康肌体，而人们又是怎样丧失抵抗能力的。与德国、意大利不同，日本从未有过一个魅力四射的独裁者，一个总是掩藏于幕后的天皇与一群技术官僚，导致了这一切的发生。他们似乎既全能又无能：他们可以动用各种强制力量，消除异己声音，但在明知必败的情况下，却无力结束战争，只能被动地跟随形势。

在这本小册子中，鹤见俊辅对这种矛盾性做了一次妙趣横生、富有洞见的导览，它与历史、现实、未来都紧密相关。

他提及了地理位置给予日本人的双重感受。住在四面环海、被神护佑的土地上，日本人有种特别的安全感；但他们又觉得自己被隔离在世界更普遍的文明之外，而有某种自卑感，经常陷入强烈的求知冲动。即使黑船来航后，这种锁国倾向也未真正改变。外来的思想、语言，似乎难以真正改造这个民族。

这种矛盾性也表现在对"国体"的理解。早在幕末时，吉田松荫就与山县大华展开一场争辩。前者相信，日本的国体以万世一系的天皇为中心展开，具有绝对的独特性；后者则认为，每个民族都有同样的推进力量，日本并不特殊。这场争辩贯穿了之后的岁月，日本第一部宪法也体现出这种矛盾，在这个框架中，天皇拥有不受制约的权力。20 世纪 30 年代，美浓部达吉遭到批判，象征着普世说的失败。

教育也是如此，在小学与士兵的教育中，采用以天皇神话为中心的世界观，而高等教育则以欧洲为模板，相信天皇的权威要被限制在宪法之内。前者是"显教"，后者则是"密教"。在鹤见俊辅看来，明治时代的缔造者们设计了一套方案，希望"显教"与"密教"共存，彼此制衡，但最后显教部分吞没了密教部分。

面对复杂的国内矛盾，日本政府没有进行相应的社会改革，反而开始军事扩张。鹤见俊辅也描述了日本对于中国、朝鲜、缅甸、印度尼西亚的态度。日本具有"大亚细亚主义"的传统，期望缔造亚洲联盟，声称要将亚洲各国从西方殖民者手中解救出来。但这些国家很快就发现，作为殖民者的日本，甚至更为残酷。其中的朝鲜受害尤深，在日本心里，全世界的民族中，朝鲜永远处于最低的位置。

令鹤见俊辅欣慰的是，战时日本不仅有"转向"与狂热，也有日常的反抗。家庭主妇不理会政府的配给管制，想尽办法从黑市获得食物，养活家人。男人的离去令她们更独立，对于政治宣传也有天然的免疫力。灯台社的少量信徒，坚持自己的信仰，在法庭上留下这样的证词："现在，跟随我的只剩下四个人，加上我一共五人。这是一场一亿人对五人的战争。到底是一亿人获胜，还是五人所说的神谕赢得胜利？不久就能获得证明。我确信这一点。而且我们处之泰然，毫无所惧，何必多言。"

即使神风特攻队中，也有青年在窒息的氛围中展现独立的思想，意识到日本必将失败，自己的死亡是无意义的，并把自己的想法写下，寄给哥哥。很可惜，他们都在孤立中死去。

这些例证使鹤见寄望于普通人，他们仍拥有日本村落中的自治与宽容精神。这是日本重要的自由传统，只要对方是村中的居民，就不会被排斥。在鹤见眼中，"通过生活方式互动所得的正直感，远比知识分子操弄的意识形态更具重要的精神意义"。他在战后积极参与的市民运动，也正是来源于明治以前的村治传统。

这本小册子有一个明确的标题，它要探究战争时期日本社会的精神状况。它的结构略微松散，你常抓不到核心。不过，它反而给予一种特别的开放性，将我引导至很多方向，开启了新的好奇心。其中很多例证，比如昭和研究会的尾崎秀实、关于朝鲜的小说，都打开了你理解战时日本的新视角。它从十五年战争出发，通向日本的过去与未来，更通往亚洲与世界。倘若你不把它当作严密的分析、论述，而是作为一个妙趣横生的导览，你会发现一张历史与意义之网。

鹤见俊辅在麦吉尔大学演讲时，战争已结束三十年，在世界眼中，日本不再是那个被原子弹摧毁的国家，而是咄咄逼人的经济强权，一些人宣称"作为世界第一的日本"。这个日本仍不可理解。人们曾难以理解冲向美国舰队的神风敢死队，如今则好奇于日本商社如何制定战略，穿着统一西装的职员们又为何可以不眠不休地工作。不管外表看起来多么西方化，日本仍是个谜。

当我在 2019 年读到这本书时，日本的形象再度发生变化。经历了泡沫经济的崩溃，刚刚结束的平成年代与才开启的令和年代，给予日本一种平静、美丽的新形象。但在很多地方，日本仍是个谜。

在此刻，回顾十五年战争的意义何在？鹤见俊辅记得，他的哈佛同学充满饥渴地想了解战时的日本经验，因为他认定这对美国也至关重要。事实的确如此，敏感的日本人一定可以在麦卡锡主义中辨认出似曾相识的因素。日本的故事，不仅仅属于日本。历史也从来不仅是历史，它仍强有力地影响着现在。

"领导者对日本与假想敌国在军力和经济力上的差距，一直提供给国民相反的资讯，导致自己也因此陷入自我欺骗的境地。对国家的领导者而言，要从对国民的持续欺骗中，保持自我的清醒，是非常困难的。"当你读到这种语句，你也会清晰地意识到，它不仅是战时日本的写照，也是所有权力高度垄断社会的症结。它出现过，也可能再度出现。

目 录

一　向1931年至1945年的日本趋近

1979 年 9 月 13 日

　　从现在开始，我要谈论的主题是，1931 年至 1945 年的日　　1
本精神史。在进入主题之前，我先说明几点随想。

　　首先，是语言方面。由于以下谈及的事物大都发生在日本，
所分析的思想，原本也以日语表述。现在，由于身处在这使用
另一种语言的国度（加拿大）*，我打算扬弃对日语的依赖，试
着敷衍论述。我想在这里建立一个我们之间的共通规则，亦即
只用英语理解我们的研究对象。然而，我选定的这种方法，旋
即令我，乃至我们陷入一个困境之中。怎么说呢？我抱有一个
信念，这信念虽说在逻辑上难以成立，但却可以得到统计上的
支持。那就是，说英语的日本人不值得信任。1945 年至 1952
年美军占领日本期间，我曾就此再三向遇见的美国人说明。因
此，对我来说，我希望各位在我试图谈论日本之际，对我所说　　2

---

*　作者于 1979 年至 1980 年间，在加拿大麦吉尔大学（McGill University）讲学，以
　英语讲授日本近现代史。本书由其授课讲稿改写而成。——编注

出的话，都能稍打折扣，再予思考。随着美军占领日本时代的远去，1945 年日本战败的记忆也逐渐淡远，英语侵入日语之中，因此现在日本的日常生活中充斥着源于英语的语汇。在报纸的广告中，我时常可以看见类似"シックなドレスのファッションショー"*的语汇。这句广告词中，源于日语的单字只有"な"和"の"两个连接词而已。

　　再举一例，有位美籍学者研究日语多年之后来到日本，某天在图书馆阅读日本的综合杂志时，他碰到一个无论如何翻查字典、任凭想象仍不得其解的语词。他抄下那句语词，请教日本的学者。原来就是这个"ヒット・アンド・ラン"†片假名让他百思不解。由于这些语汇的使用，已超出原本的语意，若非日本人实在很难了解。现今，在日本的日常生活中，外来语俯拾即是，因而我还是坚信先前我所说的"信念"，是有某种根据的。

　　在我看来，借用欧化语言的表述，未必意味着思考本身的欧化。但由于在短期间内，从欧洲语言中借用如此之多的语汇，就某种意义而言，现代的日本人可说也变得难以了解自己。确实，就某个层面而言，我们已经失去自觉自身思维方式的思路。

　　其次，我想强调的是，我希望这门课成为一个开端，借此让我们理解战争期间日本发生了什么，日本之外的地方又发生了什么，以及非战争期间的时代，日本和日本以外的地区发生

3

---

* 意为"时髦服装秀"，由 chick、dress 和 fashion show 几个词组成。——本书脚注如未特别标示皆为译注。

† hit and run，打带跑。

过什么样的状况。在日本，"转向"一词，最早出现在 20 世纪
20 年代，到了 30 年代之后已被广泛使用。这个字眼并非源于
欧美的语汇，它是在日本战争期间的政治氛围中，所衍生出来
的语词之一，而这个概念也对十五年战争期间，日本的知识和
文化的走向有重大影响。这一语词的形成，除了能以世界精神
史的范畴来讨论之外，亦可从其中发现日本独具的特征；因而
从其形成的模式中，我们有可能从中梳理出一些端绪，借此理
解日本以外、世界其他各国的趋势，及其与"转向"事件的关
系。亦即通过这个理论模式，可以让我们理解到，对当今世界
局势的努力，有实践的可行性。[1]

　　第三，在文化史和精神史的研究方法中，那些被当成脱离
标准范式的现象，反而更能表现出该社会的文化特征。1931
年至 1945 年日本所发生的事情，不能视为明治初年以来，近
代日本史中的一个偶发事件而加以抹杀。[2] 仔细探讨的话，它
既告诉我们诸多值得积极继承的事物，又揭示许多我们应该否
定的东西。我们是经由错误成长，并且是经由自觉到我们所犯
的错误中，包含的真理与价值而成长。

　　第四，以历史的区分而言，我们在此把第二次世界大战的
肇始，设定于 1931 年中日战争*的爆发。1931 年日本的陆军领
导者在中国的满洲开启战端，并进而在这个地区建立日军的傀
儡政权。这种方法对整个世界而言，实乃前所未见。因而后来
也导致意大利的墨索里尼和德国的希特勒都加以仿效。因此我

---

* 即"九一八事变"。

们可视 1931 年始于中国东北地区的中日战争，为一个全新趋势的开始，影响着整个世界。如此，1931 年至 1945 年的日本历史，对全世界而言，虽说不过是地方史，但已然成为 20 世纪日本史与世界史连接的一个环节。[3]

第五，我也想谈谈 19 世纪日本向西方开放门户之后，流传于西方各国的日本情趣。当时，写过日本的有巴兹尔·张伯伦（Basil Hall Chamberlain，1850—1935）、小泉八云（Lafcadio Hearn，1850—1904），以及伯纳德·利奇（Bernard Leach，1887—1979）等。虽说此外还有许多人，但其中我对陶艺家利奇最感兴趣。他是少数对日本不失青年时代之热情，对日本文化不表失望的人物之一。至少，他跟同为英国人的张伯伦和小泉八云相较，对比强烈。这其中似乎包含几个理由：理由之一，在于利奇很早就对中国文化和朝鲜文化抱持一份亲密感，亦即他在亲近日本文化的同时，也对中国文化和朝鲜文化抱有一份亲密感。因此，他很早便拥有自己独特的视角，将日本文化视同中国文化、朝鲜文化，加以吸收掌握。正因如此，日本文化对利奇而言，才不至于突然从某个时期开始，由原本的清纯，转变成丑陋、可厌。

由朝鲜审视日本，我们可以看到日本令人厌恶的一面；从中国看日本，我们可以看到日本浅薄的一面。来自其他的外国研究者，大都从自己停留在日本时的经验来研究日本，所以当他们把目光投向中国或朝鲜时，难免对日本文化感到失望。当然，倘若外国人对日本的兴趣仅仅是出于异国情调，他的爱好与观点必然维持在其出生国所受的各种文化熏陶。在这样的情况下与日本文化的接触，只是在其原本的各种价值观上，蒙上一层日本文化的外衣，整个内涵依然没有改变。这样一来，难免会在某个时期对日本文化突然感到失望，或不得不做出重大修正。然而，如果认为接触另外一个国家的文化极为重要，同时有意把这异国文化的异质价值纳入自己原有的文化价值体系中，抱持这种信念的人，其接触日本文化的方法，便是将日本文化与朝鲜文化、中国文化以及其他亚洲各国的文化并置，同时放入视野中。如此，应较能掌握日本文化的真貌吧。这个理解日本的方案，是在空间的架构下，将日本与朝鲜、中国结合，一起思考；倘若要再加上与此相对的时间架构，那为了理解现在的日本，掌握日本在 1931 年至 1945 年漫长争战中的历史背景，就变得至关重要了。

　　我想先从缺点方面，清楚表明我对主题的趋近方法。在这门课程中，无论是资料或诠释上都存在着各种缺陷，请各位特别留意。

　　我先谈谈资料的问题。研究现代史，要达到搜集所有必备资料加以验证的严密基准，可说是相当困难。相较之下，古老时代的历史似乎较有严密的基准，因为重要的文献大都已经散佚。如果是中世纪史，它在研究上似乎比现代史容易达到完美的境地吧。但仅凭这样就说中世纪史的研究对照于中世纪的实际状况已臻于完美如实之境，那又令人存疑。若单就留存于世的资料而言，或许我们可以读尽现存的所有文献；而根据这些资料写成的记述，其颠扑难破之处，更是现代史研究所难望其项背的。然而，现代史研究，包括文化史和精神史，甚至连想要达到字字难以推翻的自我满足的境界，都是困难的。

　　至于资料的诠释方式，也无法轻易地就能达成共识。如何 8
诠释现代的事件，常因我们平时抱持的偏见而有所歧异。我们
必须尊重和正视这种无可避免的诸多诠释。在这门课程中，我
们尽可能地对所见的必要事实做一番粗略的鸟瞰，如果与实际
报道有所不同，也要忠实地把这些差异记录下来。而且也必须
指出，单靠被报道出的事并不足恃，因为未被报道的事也包含
许多重要的事实。我们也不该忘记，这些未被报道的重要事实，
也许今后将会出现，但也可能未被揭示出来。

　　我也希望借由这样的努力，增进我们积极讨论的机会。我
们得以清楚地认识到，无论是材料或解释方法本身都存在着诸
多缺陷，更要认清互为矛盾的解释往往是建立在极可疑而又不
充分的材料上。现在，我们打算以此方法来描绘现代史的画卷，
并衷心期待这个努力能激发出更多踊跃的讨论。

二 关于转向

1979 年 9 月 20 日

　　首先，我说明一下"转向"的背景。1905 年日俄战争结 12
束，对日本而言是个崭新时代的开端。自 1867 年明治新政府
成立以来，约莫四十年间，日本国民都生活在必须攀登"文明
阶梯"——如果说真有这种东西的话——的使命感之中。这类
虚构之物，相信只要身为"国民"，不管身处何国，都可感受
其存在；并且，我们可以说这类虚构之物，长期以来，在国民
的想象力中不断地发挥作用。因此可以这样说，从明治时代开
始，"文明阶梯"这一虚构物，对日本国民的想象力始终发挥
着重大的作用。

　　日本对俄的战争，乃在没有败北的状况下结束；其在政治、
军事上的一大事业成就，可说是凌驾拿破仑和希特勒。由此我
们可以推论，这项大事业的背后必定多士济济，有具备国家领
导能力的人在掌舵。

　　日本自废除锁国政策大开门户之后，德川幕府的封建制度 13

便被推翻，在新的国家政策推行以来，培育出与过去截然不同的新观点，即不以封建制度下的身份来判断人的价值。参与推翻德川政权运动的青年们，创造出一种默契，亦即在跨出藩国界线、脱离藩属之后，彼此都平等相待，视彼此为志同道合之士。这些依自己意志斩断与藩政府关系的武士们，把做了同样决断的武士视为同志。这些"脱藩浪士"们之间所展现的同志关系，影响力极大，甚至令那些愿为同样目的献身，但选择留在藩内没有脱藩的武士们，彼此之间也产生了类似的氛围。

在反德川政府的运动中，被捕杀的人不计其数。在运动进行时，没人能够预测谁可以活下来成为新政府的领导者。运动的倡导者在权力实际转移之前，几乎都为理想捐躯了。例如，吉田寅次郎、桥本左内、坂本龙马、高杉晋作等人。其后，西乡隆盛、大久保利通、木户孝允等，被视为实现这些先烈的构想、成功地推翻德川幕府并建立新政府的重要人物，也先后在明治维新后十年间相继死亡。西乡隆盛发动叛乱兵败自杀，大 14 久保利通遭到暗杀，木户孝允则是抑郁而终。明治维新之初的重要领导者中，只有岩仓具视一人长寿，挺过维新之初兵荒马乱的年代，成为当时活跃于日本政坛的重要政治家。但除了他以外，几乎所有的主要领导者，都在明治维新后十年内相继凋零。也因此，在进入明治时代之后，这些志士们短期间依然保留着一种敏锐的自觉，清楚地意识到，参与推翻幕府运动中的精英分子都已不在人世。

这份谦虚的自觉，和为免沦为西方各国的殖民地、协力守护日本的共同意识相结合，赋予幸存的日本后继领导者，某种

勤勉质朴的特质。他们拼命学习赶上西方文明的方法，即使在
日俄战争方兴未艾之际，日本的国家领导者对国家面临的处境
仍未丧失冷静的判断力。他们清楚知道，必须趁日本的国力和
英、美国民的同情心尚未耗尽之前，尽快结束对俄战争。他们
并未被打败俄国的幻觉所欺骗。正因为领导者们都有这种共同
的自觉，陆、海军的最高司令官才赞同内阁尽速签订和约，即
使这和约只能为日本带来些许的表面利益。这些领导者不怕违　　　15
背日俄交战之时，所酝酿出的舆论动向而做出决断。在此，我
不以明治维新为起点，而谈及幕末到日俄战争这段时间领导阶
层的气氛，主要是想凸显明治时代的领导阶层，与承继其后的
大正、昭和时代领导阶层的对比。而刚刚所列举日俄战争期间，
日本的政治及军事领导阶层的各种特征，在昭和时代的十五年
战争开始前，便已消失无踪。

　　日俄战争结束后，还活在世上并成为新政府领导者的维新
志士，认为已经赶上西方的先进国家，原本紧绷的神经因而缓
和下来。他们自视为"华族"*，自封为公、侯、伯、子、男等爵位，
作为庆贺。日俄战争期间的陆军次官，能受封男爵；按这标准，
军司令官能受封子爵，陆军大臣则能受封为伯爵。然而，有资
格受封最高位阶的人却都已经死了。明治初期以来功勋彪炳的
领导者，虽有少数几人在这时肉身犹存，但他们的状况，犹如

---

* "华族"为日本于1869年授予以往的公爵、诸侯的族称。依1884年的《华族令》规定，
　分为公、侯、伯、子、男五爵，对国家有贡献者也予以列入，成为有特权的社会身份。
　此令于1947年废除。

杰柯博士原本的身体中住着另一个海德先生一样*，体内住着不同的人格。他们往后就是不断努力地宣扬明治维新的丰功伟业，在反复的陈述中，他们在这个故事中扮演的角色也就愈显得伟大。从实用观点来看，这个方法对他们攀升贵族阶级的阶梯帮助甚大。

1945 年日本战败后，曾有所谓短暂的后悔时期。在这短暂的后悔时期结束时，日本的舆论出现了要求一一恢复往昔制度的呼声。这些要求几乎涵盖了每项往昔的制度，但明治以来持续至战败为止的华族制度，却是少数的例外。据我印象所及，战后的三四年间，报纸上从未出现过要求恢复华族制度的社论或读者的投书。[1] 明治时代以后，制定的身份制度没发挥多少作用；至少在这一点上，整个战后时期的舆论是完全一致的。

相反，明治中期制定了与此稍有不同的身份制度，也就是基于学校入学考试制定的身份制度。尽管近来持续有学生进行抗议，这项制度现在仍然受到国民普遍的支持。这项入学考试制度，原本是模仿中国的考试制度，在日本创设出来的。但是，明治时代以前，这项入学考试制度并没有开放给所有阶层的人。考试制度和学校教育结合，而且开放给社会上所有阶层，是明治时代以后才有的。也因为这个理由，现在的日本仍旧广泛信奉考试制度，以及据此运作而来的学校制度。

明治时代以前，初等教育已有相当程度的普及。据说，明治初期，男性的识字率约为 40%~45%，女性则为 45%，而且

---

* 两人都是 19 世纪英国小说家史蒂文生（Robert Louis Stevenson）作品《化身博士》（*The Strange Case of Dr. Jekyll and Mr. Hyde*）中的主角。

这些人也具有算术等实用知识。这是德川时代的教育遗留给明治时代的资产。这种教育是和民众的日常生活相结合，并非与选拔考试的教育制度结合。[2]

明治以后，新政府所采行的教育制度，并不打算将明治以前的教育制度加以延长，而是改采以欧美制度为蓝本所创设的新教育制度。他们设置东京帝国大学作为最高学府，只要能通过不断的选拔考试，任何国民都有希望能进入就读。这制度也成了刺激全体国民的向学心，让日本追上西方文明的有效手段。

诚如罗纳德·多尔（Ronald Philip Dore）在《学历社会——新文明病》*中所述，日本政府早在1880年就已经使用考试制度选拔公务人员。当时东京帝国大学法学院的毕业生，任职公务人员不需经过考试，并且保证一开始就能担任较高的职位。这样的制度对产业也造成影响。1910年以前，非政府的绝大多数的私人企业，都已养成只从大学毕业生中录用新进人员的习惯，报社也跟着建立这个惯例。就这一点而言，日本比产业革命发祥地的英国还更先进。

多尔还举出一个例证，1955年《日本绅士录》里所登录的人士中，有70%是大学毕业或专科学历。而在英国同类的名人录里，1958年企业界董事中只有21%具有大学学历。英国前两百名主要公司的负责人当中，只有24%为大学毕业或专科毕业。

日俄战争结束之后，日本的政府官僚、产业界及新闻媒体

---

* 本书正文与注释中出现的书目，其原文和出版信息皆条列于书末的参考书目中，正文与注释中不再注记。——编注

等各个领域的领导阶层，仍然是由大学毕业生所占据，当中又以东京帝国大学法学院的毕业生为中心。这种现象并未因为始于1931年的十五年战争失败而有所改变，也没有因为其后美军占领日本而改变。

为了理解"东大新人会"的重要性，必须了解上述的现象。1917年发生的俄国革命，带给日本大学生极大的影响。翌年的7月23日，日本抗议第一次世界大战后的米价上涨，因而造成"米骚动"。＊暴动始于距离日本首都很远的乡下，再扩展至大都市。这场暴动并非由政治人物策动的，而是始于地方人士自发性的抗议行动。因为日本人自己体认到"米骚动"是群众力量的展现，意味着日本开始进入新的时代。

因为日本有艰难的入学考试制度，所以能够通过公立高等学校入学考试的青年（从公立高中毕业后，进入帝国大学并不困难），都觉得已经取得进入帝国大学的资格，不久后将成为日本未来的领导人。十八岁左右就能达到如此成就，说来或许有点夸张，实际上却是如此。通过旧制高中考试的十八岁日本少年，觉得整个人生中最困难的竞争部分已经结束了，接下来六年的学校生活可以用来描绘日本未来的蓝图。俄国革命和"米骚动"，对置身在这段期间的年轻人（高中生、大学生）的构思能力影响极大。

就在这时候，被视为日本民主思想的代表——东京大学法学院政治学教授吉野作造，接到要他与右翼运动领导者同台辩

＊ 日本以米价暴涨为导火线而发生的民众暴动。1918年始于富山县的鱼津而漫及全国，民众袭击投机米商，政府出动军队予以镇压。

论的挑战书[*]。此时的吉野似乎身陷于危险的处境中。然而，公 20
开演说的当天，会场聚集的听众多半是大学生，他们都明显地
支持吉野的论点，使暴民们无法威胁吉野教授的安全。吉野教
授的学生们觉得日本已经出现新的历史浪潮。

演讲会举行后半个月左右，正逢俄国十月革命后一年又一
个月，亦即 1918 年 12 月，东京大学法学院的学生赤松克麿、
宫崎龙介和石渡春雄创立了“东大新人会”。组织纲领是由赤
松起草，内容如下：

一、吾人配合世界文化之势——人类解放的新趋势，并努
力促进之。

二、吾人致力从事现代日本之合理改造运动。

这项运动从东京大学扩展到其他大学，甚至扩及即将于两
三年后成为帝国大学学生的高等学校里。[3]

学生运动很快地就超越了他们老师所主张的温和的民主主
义原则。吉野作造认为，民主主义的原则是一种规范，所有社
会文化的习惯中都含有这种规范，因此在世界任何地方都能发
挥作用。不只在所谓的文明国家，纵使在不算是文明国度的国
家也能发挥作用。由此看来，吉野教授的观点和东大新人会成
员的观点并不相同。

在当时的日本，吉野教授正致力于废除国会的贵族院与天 21

---

[*]　吉野作造曾发表论文肯定民众运动和拥护言论自由。1918 年《大阪朝日新报》针
　　对出兵西伯利亚和“米骚动”，多次批评政府。8 月 26 日的晚报头条中使用了“白
　　虹贯日”一语，被政府视为鼓动内乱，因此对报社多人进行起诉、免职等处分（白
　　虹事件）。右翼团体浪人会暴力袭击《大阪朝日新报》的社长，吉野对此发出批评，
　　浪人会因而要求吉野于 11 月 23 日举行公开演说。——编注

皇的统帅权。如果这个目的能够实现，那么派驻在殖民地的陆军部队指挥官们，就无法获得未经选举而出任国会议员的人士支持，借机擅自发动未经宣战的战争了。

吉野作造温和而实际的目标，在学生运动以意识形态为本位的基准看来，未免太过温和而无意义。东大新人会的成员们与社会主义政党的工会结合起来，后来，有部分成员成为共产党员。这群新人会的成员对于 20 世纪 20 年代，组织共同阵线阻止军国主义的议题并不感兴趣。吉野辞去东京大学教授的职位后，全心投入翻印再版对明治文化的形成具有影响的重要记录的事业。

不久，新人会的创始人和创始成员背离了社会主义运动，转而趋向国家社会主义。新人会创始人赤松克麿，1922 年加入日本共产党，其后又脱离共产党，1930 年出任社会民众党的总书记。此后，他开始阐述天皇的责任，认为天皇的责任就是保护国民的利益。这种观点导引他把"九一八事变"*的发生，和建立"满洲国"的举动正当化。他已经在替日本寻找可以和定为国策的侵略中国政策并存的民主化与社会主义化的道路了。

另一位新人会的创始人宫崎龙介，在太平洋战争发生前的时期，即以内阁总理大臣近卫文麿公爵的密使身份进行活动，劝说中国国民党与日本合作。

新人会创始成员之一的麻生久，曾以 30 年代社会大众党重要领导人的身份，推动工会的领导人与倾向国家社会主义的

22

---

* 日本称"九一八事变"为"满洲事变"。——编注

改革派军官结合。在其他创始成员之中，以佐野学（1892—1953）最为重要。他二十七岁时，以东京帝国大学毕业生的身份参加东大新人会。1933 年，他四十一岁，担任日本共产党的委员长，同时也是共产党的最高领导人，与同为中央委员会委员的锅山贞亲，在狱中发表"转向"的共同声明。[4]

佐野学与锅山贞亲撤回他们之前所有的主张：废除天皇制、赋予包括被殖民的各民族在内所有民族的自治权等；并且，他们也撤回了原本所有论点的总结——反对日本政府的"九一八事变"政策。他们改口说，要从苏联的桎梏中解放自己，对天皇及其所代表的文化价值表示尊敬，以发展日本的社会主义。

他们的共同声明立刻引起极大的反响。共同声明发表于1933 年 6 月 7 日，其后一个月之中，所有未决犯中有 30% 与共产党有关（1370 人中有 415 人），34% 的已决犯（393 人中的 133 人）改变了政治立场。[5] 三年内，有 74% 的已决犯（438名中的 324 名）声明"转向"；另外，坚守不"转向"立场的，则有 26%（438 名中的 114 名）。[6]

共同声明有一个重要的特征，就是日本共产党的最高负责人佐野学，并没有提出退党申请，即起草否定以往立场的声明。此一共同声明的特征，在伴随着共同声明发表而来的混乱与愤怒中，并没有引起注意，但是它却能表现出东大新人会所隐含的逻辑，也完全契合十八岁少年心性的框架。因为他们觉得自己正如刚通过最困难的入学考试而当上人民的领导者那样，并且是用民主又公平的方法被选拔出来的。他们有一种信念，只要是依据这个方法所选出来的领导者，即使在心中政治上的意

见有所转变，仍然能继续担任领导者。从结果来说，追随者表 24
现出来的反应，也显示他们接受领导者所默认的前提。

佐野与锅山的共同声明发表后，"转向"一词变成那个时代的流行语。这个词汇被一般民众纳入日常生活用语之中。不过，这句话在被如此广泛使用之前，还有一段历史。幸存的明治社会主义者山川均，在《前卫》杂志发表一篇题为《无产阶级运动的方向转换》的文章，阐述前卫分子必须回到无产阶级的群众中。山川的看法是说，前卫分子必须对人民群众为日常生活中部分要求与特殊要求所展现的斗争，表示更高的敬意。相对地，在德国研究马克思、列宁主义后回到日本的年轻教授福本和夫，则批判山川的理论是折中主义——山川倡议的方向转换本身就应该被转换。按照福本的理论，共产主义者应该自觉本身的思考方法，并使之转向，以此对同时代的社会能有所行动。于是"方向转换"被缩写而产生"转向"一词，意指人要自觉其自身思索的过程，并给予符合自身思想水准的新方向。也就是说，在这个意义下，"转向"之前的思想是一种顺从社 25
会习惯行动的惰性思想。[7]

在学生间成为流行语的"转向"一词，后来被依《治安维持法》设置、对危险言行进行调查的思想警察所采用。《治安维持法》在 1928 年修正公布。思想警察为改变激进派大学生的观念下了功夫，还出版如何技巧协助"转向"的手册。转向并不能只靠逮捕入狱和加以拷问。根据池田克检察官所写的手册，警察局局长应该从拘留所将被捕者叫到局长室，让他们坐在局长的椅子，然后要自掏腰包叫来外送的亲子丼。所谓的"亲子丼"，就是鸡蛋包裹鸡肉的盖饭，这样可以让人联想到亲子的关系。手册上还说，吃饭的时候，尽可能不要谈论政治思想之类的事，只能说些"你的母亲很担心你"之类的话；而且不能多谈父亲，否则反而会造成学生对权威的反抗意识。"转向诱导术手册"就是这样进行的。被置身在这种技巧下受到诱导的青年，虽然以前依循福本和夫定义的转向之路前进，但现在却不能像以前那样体现自己所信奉的政治理想，而觉得作为他意识形态的上层建筑已然崩溃，于是朝着思想警察所定义的另一个路径转向了。[8]

"转向"的另一个条件，是日本民众对"九一八事变"的热烈颂扬。因为他们全心奉献的对象——人民，却支持与他们本身信仰相悖的目标。此时，他们有一种孤立于人民、周遭亲友和家人的感觉，这种孤立感使他们决定转向。[9]1942年警方做出的统计，刊载于1943年政府内部秘密的刊物上。统计上显示，转向者所自述的转向动机可区分为以下几类：出于信仰的占 2.21%，发现理论矛盾的占 11.68%，因为被拘禁而后悔的占 14.41%，因家庭因素的占 26.92%，因国民自觉的占 31.90%。[10]

这就是20世纪30年代以后，"转向"一词被纳入日本日常用语，并广泛使用的整个历史经纬。主要的意义在于，在国家权力之下造成思想的转变是可能发生的。这个现象有两个层面：其一是国家强制力的运用；其二是个人或团体在面对压力时，他或他们自己所选择的反应。对这种现象来说，强制力的作用和自发性，是两个不可或缺的层面。依据这种具有引导性

的记述的定义，或许在某种程度上我们可以不囿于价值的判断，
详述日本在 1931 年至 1945 年间，所发生的转向现象。[11]

此一"转向"的概念，有必要从一系列的同类词中加以区别。
首先，我认为"转向"一词，大致意为在国家的强制下所产生
的思想变化。这时所展现的强制力，就是国家的强制力。另有
所谓的"悔悟"，这是指源于个人选择与决断所产生的思想变
化。再来有所谓"意识形态的变化"，这名称是在研究与"转向"
为同一现象时，将关心的主轴置于研究意识形态变化方式为主
的术语。还有所谓的"脱离"，这术语将同一事件视为相同的
现象，但主要用于研究个人与党派的关系中。

研究"转向"时，那些从稳健的自由主义转为狂热的法西
斯主义者，有时候很难引起注意。从我的观点看来，这种变化
在日本战时思想史的研究上，具有不可忽视的重要意义，应该
视为"转向"加以研究。今天我所提到的都是与共产党有关的
人士，因为讨论那些人的经历，脉络比较清晰而容易了解。有
关来自其他思想的转向事例，以后再进行讨论。

至于"背叛"——这个词带有明显的贬损意味。有人向警
察密告自己以前的同志时，就用这个字眼，这种场合或许可以   28
称作背叛。然而，如果我们将 1931 年至 1945 年日本所发生的
转向现象，一律都以"背叛"的恶名统称的话，我们就会丧失
从谬误中发掘真理的机会。我认为研究"转向"的价值在于，
错误中包含的真实部分，比真实中包含的真实对我们更为重要；
当然，前提是真实中真的存有真实的话。如果我们能对错误中
包含的真实，更用心地加以深入定义，我们就能具备通过错误

探寻真理的方向感，如此便更能掌握真实的真正核心。

我不断地问自己下面的问题：在漫长的人生中，有人能不经历"转向"的吗？导引这些人"转向"的条件是什么？他们如何将他们的"转向"正当化？经历过战争后，回顾"转向"的时候，他们是怎么思考的？

在我看来，这些问题在我们研究 1931 年至 1945 年间的日本时，是极为重要的。

三　锁国

1979 年 9 月 27 日

　　两三天前，我在书店购买了加拿大的地图。这和我平常看 ³³
惯的日本地图非常不同，因此颇为讶异。这张加拿大地图是由
一家名曰国际地理（Geographic International）的公司所出版，
大概是加拿大到处都买得到的普通地图，所以对你们加拿大人
一点也不稀奇吧。

　　我对这张地图感到讶异的是，地图的主要部分——占最大
篇幅印出的部分，并没有展现加拿大的整个版图，连东北地区
加拿大领土在何处结束也没有标示出来。对这种可以放在口袋
里带着走的地图来说，或许加拿大真的太大了。如果有个加拿
大人也和日本人的想法一样，他在出版加拿大的地图时，我想
他会依照比例尺的比例制作出容纳整个加拿大的地图。

　　这张加拿大地图的另一个特色是，在下方，也就是南方部 ³⁴
分清楚地标示出边界。这种边界线的概念是日本人所没有的，
因为日本人从未有越过边界的体验。

　　日本人始终抱有一种感觉，认为自己一直住在并且也能继续住在自己金瓯无缺的土地上。在这块固若金汤的土地上，日本人往往觉得若要走出国境之外就必须抱定决心，只要身处日本便不用害怕会突然遭到外国人的攻击。这是日本人的一般体验且心照不宣的前提之一，只是很少在日本人日常生活的思考方式中显现出来。我们可以把日本人思考方式的此一层面称为"锁国性"。

　　除了从先天上视为国土的土地，获得安心感的保证之外；从文化上来说，日本人始终认为，日本被远远隔离在世界较先进和较普遍的文化之外。这种意识形成一种自卑感，深植在日本人内心的潜意识中。这也是能激起日本人好奇心与学习力的原因，使日本人拥有一股吸收外界新知的冲动。

35

　　日本处于较日本文化普及的中国文化之边陲地带，中国文化是经由朝鲜流传到日本。另一种源于印度的跨国文化，则是经由中国流传到日本。最后，1543 年，葡萄牙海难船员把火绳枪带到日本的种子岛，源于欧洲的另一种普遍性的文化始传进日本。

　　这种情况也反映在街头卖艺的世界里。平安时代以来，我们有太夫、才藏这种一搭一唱表演歌舞和对白的传统。每年年初，这样的一组艺人便造访宫廷，预言新的一年会带来各种好运。接着他们就去拜访老顾主，表演同样的技艺。随着时代的推移，这种表演变得带有滑稽的性质，持续至今。日俄战争后，大众社会已在日本产生，新的大众文化也应运而生，太夫、才藏这种"万岁师"*的组合便跃上舞台，经由唱片、广播、电视等媒体成为现今最受欢迎的娱乐节目之一。我们可以把这种民艺视为各自拥有不同之复合人格的"太夫"和"才藏"间，长达一千多年来的漫长对话。

其起源可以追溯到有文字记载以前。根据折口信夫开拓的民俗学式的日本文学的研究指出：日本娱乐表演的最初形态，始于招待贵宾举行酒宴时的余兴。[1]在这种宴会上表演的即兴技艺，是以远方来的贵客和没有受过文化洗礼、不谙仪节的土地神相会为本，不断推衍而成。其中有冲突、对立，最后以远来做客的神明胜过土地神而告终。这种情节与当时中央政府和地方豪族间的关系相呼应。倘若再配合中央政府派任的地方知事，擅于中国式的文章或拥有中国的古典教养，我们就可以在这种对话中，看见中央文化与当地本土文化的交会。在日本，形式完整的文化难以避免的是外来文化；非固定形式的日常文化则为本土文化。在两者交会的场面中，能言善道者是外来文化的代表；沉默寡言者是本土文化的代表。还有一种表现，即说话流畅的是身着宫廷式服装、仪态端正的人物；沉默却偶尔出声应和的则是穿着本土服装的人。不久，一个戴着愁眉苦脸的面具的男人出场了，那原本是扮演土地神角色的人所戴的。愁眉苦脸的面具很快就换上火男面具。†说到火男面具或许大家一时难以理解，我曾经在英国的旅游书中，看到一个英国男

36

37

---

* "万岁"为日本一种类似中国对口相声的表演，其中两人一组的表演组合称为"万岁师"。

† 火男面具（ひょっとこの面）为形似中年男性，眼睛一大一小，嘴尖的丑怪面具。

子在最会变脸的比赛中胜出的照片。他先把所有的假牙取下来，然后让自己的脸有如橡皮般柔软，再做出愁眉苦脸的表情。这张照片让人想起日本宗教仪式中跳舞的人戴的火男面具。

　　以逻辑的一贯性试图说服他者的人，大都是根据外来文化的脉络进行；向对方诉诸心性气氛的人则依本土文化的脉络进行，以达到说服的目的。粗略地说，这种二分法已经在日本的精神史与文化史中存在一千多年了。

　　跳过一千年，回到我们现在的主题——战争时期日本的思想史吧。伊藤整是优秀的知性主义派作家，在 20 世纪 30 年代，受到詹姆斯·乔伊斯（James Joyce）等西欧心理主义文学影响，以身兼诗人、小说家和评论家而闻名。他跟被捕后遭拷问致死的无产阶级文学代表性小说家——小林多喜二念同一所学校。个性谨慎的伊藤整始终小心地避免与左翼政治扯上关系。他受到乔伊斯及马歇尔·普鲁斯特（Marcel Proust）的影响，运用意识流的形式写下具有新心理主义技巧的小说，这个写作实验 38 在中日战争期间持续进行着。但是日本和美国爆发战争时，他在 1941 年 12 月，在报纸上发表了一篇题为《我的知识阶级——为了不让这感动消退》的杂文，翌年又在同一家报纸发表题为《战争的文学》的评论。[2]

　　《我的知识阶级——为了不让这感动消退》一文，描述他担任英语教师时期，在日本模仿英国人和美国人而耗费了半生，为内心郁积的自卑感找寻出口，至今才得以驱逐这种自卑感云云。在《战争的文学》一文中，他主张不存在所谓的个人，只有美国人或日本人，文学应该描写所谓的日本人或美国人，也就是描写这两国的国民。战争结束后，伊藤慢慢从战后的挫败感中恢复自我，也自觉到在战争期间自己文学作品所展现出的愚蠢面向，1958 年写出的《泛滥》为其巅峰大作。《泛滥》反映出主角随着社会地位的上升，而改变想法的存在状态，宛若是一种对照战后时代的"转向小说"。

战争结束后，伊藤将 D. H. 劳伦斯（D. H. Lawrence）的小说《查泰莱夫人的情人》（*Lady Chatterley's Lover*）翻译成日文，却因为翻译这本书而招致被判猥亵罪。虽然最后被判决有罪，但在审判的斗争中，他成功地编织出一种表演理论——亦即人们可以借由能被当代人接受的形式，来批判现存的秩序。他用向往无秩序的生命，和欲使整个社会成员置于政党中央委员会命令下的组织，这两者对照性的图式来分析文学的生态。他心怀这样的想法，努力撰写明治以后的《日本文坛史》，但未能完成这部巨著就去世了。[3]

通过伊藤整的一生与著作，我们既可以见到自由主义转向的事例之一，也可以在战后时代从转向回复的过程中，看到自古以来的街头技艺的复苏。

有关日本人时而明显、时而隐蔽，并在心中持续发酵一千多年的文化自卑感，在此暂时打住。如果我们的目光更明确地移向政治的领域，就会遇到源于国家的孤立——锁国性的问题。

在日本漫长的历史中，也曾遭受过外国势力的侵略。那就是发生在 1274 年和 1281 年的蒙古侵略。在长达一千年的期间内，日本遭受到外国侵略只有两次：一是蒙古攻登九州之役，另一次是 1945 年联军的登陆冲绳之战。也就是说，一千年来只发生过这两个战例。对波兰民族和德意志民族的历史而言，在民众记忆深处或潜意识中，至今仍残存着害怕外国人越境侵略的恐惧；与此相比，日本人除了在十五年战争后期之外，被外国人侵略的恐惧并没有那么强烈。

四周环海和四周被画上国界线的陆地情形完全不同。四面环海，意味着即使自己不努力促成民族的统一，也可以得到大自然的赐予。住在四周环海的岛民，使用相同的语言，借由同类形态的符号体系结合在一起，使生活在这岛上的住民们有一种全是远亲的感觉。锁国政策虽然实施于 1639 年，却也为少数荷兰人、中国人和朝鲜人留下往来的通路。但是，锁国令更强化了此后二百年间，日本人早已存在的自我封闭性。1854年形成的开国并未去除这种自我封闭的特质，这种特质也成为至今日本民族的主要特征之一而留传下来。这种现象经常出现在著名的自由主义经济学者小泉信三的战时日记中。《海军主计上尉小泉信吉》（1966）这本日记，是他在其子小泉信吉战死后，为了纪念儿子的生涯于战后出版的。他自己经常引用这本日记。太平洋战争方兴未艾之际，小泉信三写下这场战争所带来的灾厄。在书中，他用战殁者的军阶身份——海军上将山本五十六，以及许多海军军官和士兵等，加以区别叙述。由此看来，即使在私人日记中，小泉信三的想象力也没有超越日本人的局限。这种现象若跟小泉信三年轻时留学英、美，以身为具有国际视野的经济学者而闻名的事实综合观之，就更值得注

41

意了。日本战败后，他成了皇太子 * 教育上的辅佐者，提议皇太子与平民的企业家之女联姻，借此把皇室包装得符合战后的民主时代。这场婚礼借由电视的转播让更多人民得以参与，拉近皇室与日本一般市民的家庭生活气氛。由于导演这场传媒广为报道的婚礼，小泉信三带给日本人极大的影响，其影响力甚至超越战后所有的意见领袖。他将日本的皇室连接到欧美的舞台。然而，一旦被投入战争的危机中，就连在战前和战后都能具有国际视野的日本人，也失去了超然独立的形象。[4]

42

　　在加藤周一与赖克（Michael R. Reich）和利夫顿（Robert Jay Lifton）合著的《日本人的死生观》（1977）中，以众所周知的"四十七士" † 历史事件为例，解析日本文化的特质。这个发生在 1702 年，47 名浪士为主公报仇雪恨而杀死贵族的故事，在此后三百年间无数次被搬上舞台，或在说书场演述，或写成小说，时至今日还被拍成电影。根据加藤的"诊断"，这个武士集团的领导者充满卓越的知性，也为实现最初拟订的旧主复仇计划献上他所有的想象力。该集团的目标在行动伊始就已固定，集团本身的知性仅用于如何保持集团的团结，以及如何朝着最初设定的目标进行，根本不曾用来修正最初的目标。[5]

　　"四十七士"的故事能持续三百年仍然受到欢迎，是因为它合乎日本人所向往的理想。和"四十七士"一样，明治以后的日本人也配合政府揭橥的理想，为攀登文明阶梯做出努力。

---

* 指明仁。明仁于 1952 年被立为皇太子。
† 此事件被称为"赤穗事件"，47 名浪士又被称为"赤穗浪士"。

换句话说，尽管日本人置身在其经历的最后一场战争中，他们 43
也不会去批判战争的目的，只知道尽最大努力朝着目标前进。
纵使这场战争失败之后，他们仍会重新制定目标，再次朝着政
府挂在自己面前的"繁荣经济的目标"继续努力。日本人的知
性即使陷入战争的泥沼中，也不会用来修正既定的目标。

这出重述"四十七士"行为的戏剧名曰《忠臣藏》。加藤
周一所称的"忠臣藏症候群"，就是源于锁国性这种普遍的日
本文化特征。

锁国性这种日本文化的特征，也对转向过程带来影响，甚
至可以说转向过程本身大都是来自于锁国性这种文化特征。站
在国家立场执行诱导转向任务的名古屋地方法院检察官长部谨
吾，在 1937 年发表一篇长达四百五十页的报告书。他在这部
著作中总结地说，自己在执行"转向"任务之前，是个人主义
的自由主义者，现在却经由诱导狱中的左翼激进主义者转向，
使身为检察官的他得以确立真正日本人的立场。他又说，自己
过去的思想尺度在此都必须更改。这位检察官虽然强制使因批 44
判国家而被逮捕入狱的人"转向"，但他自己也在这个过程中
完成"转向"。这种现象部分原因出于，20 世纪 30 年代前半
期左翼运动的领导者多半为东京帝国大学法学院学生或毕业
生，亦即与检察官有相同的成长背景——起诉者和被起诉的人
吃的是同一锅饭！他们有学生时代的共同语言，可通过共同的
语言交换思想。[6]

严刑拷问的行径确实存在，也有人因此致死。然而，与同
时代的邻国中国相比，日本对于公开宣示转向者所施以的刑罚

并不算严厉。包括检察官在内，所有官僚均在陆军的压力下，在宪法上逐步地完成转向。也就是由美浓部达吉依据自由主义倡议的"天皇机关说"*，转为美浓部以前的法学者所主张的"天皇主权说"。

或许，诱导"转向"可以视为日本统治阶层，运用狡猾智慧的例证之一。若只是这个现象，则可以视为统治阶层温情的表征；同时，我们也可以站在明治时代前，日本传统的延长线上来解释。

守田志郎在《日本的村庄》(1978)一书中，分析日本中部的村落生活时，注意到一个现象：即每个村民为了扩张耕地，有时会欺骗附近的住民，但却不会将对手逐出村庄。[7] 在村落中，即使有人抱持怪异的思想，多数的村民也会遏制自己不伤害他的身体。村落生活的这种现象，不仅显示出多数派的温和，也显示出少数派努力重修旧好的可能性。从这村落的传统中可以看到，即使在战争期间仍有提出异议的方法。虽然在整个战争期间几乎没有出现叛乱或反抗的事例，但在生活的所有层面上却可发现抗议的事例。

日本文化包含的锁国性，是东大新人会试图以海外引进的言论思想，来改造日本当时所面临的强劲对手。

1935 年中野重治发表小说《村中的家》，对自身反省"转向"具有什么意义，有极为生动的描述。小说的主角在狱中签

---

* 美浓部达吉主张国家主权不在天皇，而是在国家本身，天皇只不过是国家的最高机关。此一学说引起议会争议，美浓部的著作被禁，还被迫辞去贵族院议员的职务。

署转向声明被释放后，回到位于日本沿海农村的父亲家中。父
亲是个农民，不像儿子是大学毕业生，他面带苦涩地接纳自己　　46
的儿子。父亲说："听到你被捕的消息，我还以为你已经死了。
不过，你还是活着回来了。既然你无法为自己任性选择的信念
而死，就应该不要再写了。"主角这样回答父亲："我明白您的
意思，但我还是要继续写下去。"虽然遭到拷问和监禁，主角
仍没有因为屈服而出卖所属的组织和同志友人。虽然他对检察
官发誓今后不再从事政治活动，但并没有撤回自己的思想立场。
他能做的仅只是这样而已。

　　对主角的父亲来说，这样做还不够。父亲认为，自己的儿
子身为一名领导者，却让众多追随者遭到挫折，照理说应该继
续坚守原本的行动方针或者死去，才能报答那些曾响应儿子号
召、不断忍受苦恼的众多年轻人。这与儿子政治上信奉的马克
思主义完全无关，而是从一个身为农民的父亲立场来看的，是
一个正直人应有的态度。这种正直感是维系乡村生活的动力，
可是只靠这种正直感有时还是不够的。因为仅凭父亲的正直感，　　47
终究是无法推敲思量出儿子慎重的政治计算，做儿子的试图对
日益高涨的军国主义退一步筑起一道抵抗线。

　　中野重治持续写作不辍，因为作品被视为是扰乱治安，而
再度被捕。在太平洋战争时期，他遭到报纸杂志的全面封杀，
只能上班维生。但是他在战争时期仅能少数发表的作品，已经
跟日本一般市民抗议极端军国主义的挣扎苦闷结合起来。战争
结束时，中野重治再次加入日本共产党，这是以拒绝转向而留
在狱中的少数人为中心，重新建立的共产党。然而，面对继

承战时政府的败战后政府，此时中野重治实质上并没有抛弃战争时期，立足于保守本土传统中不断抗议的态度。败战后的1947年，他发表了短篇小说集《五勺酒》，这篇小说给了担任中学校长的乡下老人，其旧式情感的宣泄口。这名老人把现在的天皇（昭和天皇）视为一个有血肉之躯的人，终其一生对他抱持好感。这名老人，从这天生的好感中，希望天皇能从政治的桎梏中解放出来，作为一个平凡的人生活下去。

其后，中野重治还写了一部描述东大新人会的长篇小说，题为《五脏六腑》（1954），是指日本和歌（古代诗歌）传统中的"枕词"*，它可以引发内心的各种思绪。小说这样写道：主角跟作者一样是东大新人会的成员，也同样是去拜访一名东大的新人会成员，这名东大学生是子爵的儿子。主角在这宅邸中，看见一名老女佣因为端出微温的茶水而遭到朋友叱责的情景。主角看到友人冷漠的叱责方式，不但觉得格格不入，还产生一种不同于内心的感情和思想。这是支撑同一政治思想的另一情感伏流。于是主角又想起参加某著名青年教授演讲会时的情形，这名青年教授与现实存在的福本和夫极为相似。福本倡导的理论是，为了净化左翼领导者的思想，激进派知识分子在人民与真理结合之前，应该从人民中分离出来。演讲者的风采似乎很吸引主角。听众里的大学生用德文向讲台上发问时，青年教授也引用德文术语回答提问。回想当时的情景，雷和闪电的记忆突然浮现在主角的脑海中。孩提时期，主角和农村的其他小孩

48

---

* 一种日语修辞法，多用于和歌等韵文。与主题无关，冠于某词之前起导入作用的固定表达。

一样，相信闪电会带来稻谷的丰收。他真想对着自己的大学同
志——新人会的成员，大声喊道："这就是我的哲学，我相信　　49
泛神论（用今日的讲法，相当于万物有灵论）！"

　　中野重治本身或许不好意思在新人会这样叫喊，但是作者
在回顾以东大新人会成员度过青春时光时，有意敞开当时所处
的心境，借此照亮同为新人会成员的思想，即他藏在心中的无
意识的潜流。外国传入的用语没有撼动人心的力量，要取得撼
动人心的力量，必须移至该社会古老的传统中培育，使其脱胎
重生。青年时代的中野重治似乎已经出现这种焦虑，尽管这种
焦虑，要到 20 世纪 30 年代开始才能完全表现出来。可以说，
中野重治借由《五脏六腑》这部小说，才把他在 1935 年战争
期间转向和释放后所发表的《村中的家》中找到的新方向更往
前推进。[8]

　　这里又存在一个问题。锁国性这种日本文化的特性，是在
日本仍属农业国，尚未像现在负担这么多人口的时代里所培育
而存续下来的。但是现在战争结束，尤其进入 60 年代的高度　　50
经济成长后，二十多岁的青年从事农业的比例，在 1965 年降
到 7%，多数的劳动人口转移到工业和服务业的领域。不过，
成为日本文化特性的锁国性，绝不可能在短期间内消失。锁国
性时时刻刻都要面临各种状况所带来的新难题。只要锁国性代
表日本文化的主要倾向，日本就无法有效地解决日本现今所存
在的问题。东大新人会的成员已经自觉到这种新处境的艰困，
但不能说他们已具有充分解决问题的方法的洞察力。他们不仅
对日本的未来欠缺洞察力，也欠缺对自身未来的洞察力！

四　关于国体

1979 年 10 月 4 日

锁国性这种文化特征，比 1931 年至 1945 年间，日本政治史上广泛使用的"国体"概念更具根源性，所以我们可以把国体概念放在锁国性这种文化特征的延长线上来加以理解。国体的概念在这段漫长的战争时期被当成强而有力的语言工具，用来防御或攻击日本人的政治地位。

随着 1945 年日本战败，美国对日本进行军事占领，"国体"一词，才被吞没在新的政治论点中而消失无踪。然而，无关乎语词，其功能（亦即曾借由这语词所表现的概念）仍以隐蔽的形式寄存在目前的日本政治中发挥作用。

"国体"一词的起源，可见于吉田寅次郎（吉田松阴）与山县大华的往来书简中。[1] 吉田认为，此语指涉日本民族特有的推进力量。他的论敌山县大华则不承认日本民族中有这种特有的东西。山县指出，世界上每个民族都有同样的推进力量，因此"国体"概念并非日本所特有。吉田的国体概念可以视为日本民族继承的传统，如果这样解释，我们也可以把这概念当成是足以被实证检验的事物。但是在此之后，这概念却未朝着此种方向发展。明治维新以后，"国体"已被用来指称日本国现在的政体，以及现存政治秩序所特有的东西。所以，这个用语已经完成如下任务，即照亮现今日本的政治秩序，把现存秩序视为自古不变的投影。《古事记》是日本现存最古老的文字记录，这本书记载着天皇家族的祖先从天而降的过程。根据这个故事，"国体"可解释成：以众神之后绵延不绝、万世一系的天皇家系为中心，并以天皇家系为信仰核心的概念。

现在，我就从桥川文三的记述来讨论国体概念的历史。桥川指出，明治宪法公布之前，宪法的主要设计师伊藤博文与其助手金子坚太郎间曾发生争论，仿佛重演吉田寅次郎与山县大华间对国体概念起源的对立。伊藤主张国体并非限于日本所特有，其他国家也有各自的国体；金子则认为不应该只把国体拉回到国家的基本结构，而主张那是日本特有的东西。在战争期间的日本，金子的主张是日本政府所认同的正统立场，其他的观点均无存在余地。

十五年战争开始之前，日本教育体系的设计分为两种：在小学教育与士兵的教育里，采用以日本国家神话为主轴的世界观；在作为最高学府的大学和高等教育中，则采取以欧洲为范本的教育方针。这些被期待成为日本领导者的人，都必须被训练成在国际汪洋中，具有充分知识为日本掌舵前进的专家。明治日本的建造者即有此一区别。

依明治时代建造者的观点而言，日本人应该让作为一个国

55

家宗教的密教和显教部分的信徒*，分别接受不同的训练。这是新国家的建造者对日本自锁国状态以来各种困难的解决方式。他们在国际政治权力的波涛中为国家掌舵的同时，便尽量在不损及明治之前家族制度与村落制度的强大结合力下，来完成这项工作。为了达此目的，他们试图把自己新发明的"家族国家"牢牢地置于天皇家族乃由天而降、万世一系这个神话上。然而，他们认为仅此仍不充分，还必须训练那些可能成为未来国家领导者的青年，习得足以和同一时代西欧各国领导者抗衡的教养与技术。

在日俄战争以后，依旧存活的新国家的建造者，被称为"元老"。他们虽然垂垂老矣，但其中仍有人致力于把幕末时代经历的危机感传承给年轻的继承者，期望这些继承者在充分理解国家宗教的密教部分后，能指挥显教的部分。元老中最后一位公卿出身的是西园寺公望，去世于1940年，可是他的继承者近卫文麿公爵却辜负了上述的期待。[2]

包括元老在内的重臣阶层，虽然没有对议会或官僚机构负责的公众地位，却能够和天皇直接对话。因此在遇到重大议题必须做出决断而引发意见对立时，他们就发挥了一种居中折冲的屏风功能。但随着青年军官的登场，这些元老的功能逐渐失去效用。青年军官利用统帅权的特权，再通过军部机构向天皇

---

* "密教"是指在前述的高等教育中，"将天皇的权威与权力视为由宪法及其他所限定的限制君主"的解释体系；"显教"则是指在小学教育和士兵的教育里，"将天皇视为具有无限的权威与权力的绝对君主"之解释体系。参见久野收、鹤见俊辅，《现代日本的思想》，页132。——编注

施加压力。1931 年至 1945 年，可说是重臣阶层无法隐身于屏风后发挥作用的时代。不过，战争即将结束的 1945 年中期，那些比较年轻的所谓准重臣阶层，虽然不像明治国家的建造者那般年老，却继承着明治维新时代的危机感。他们在明治初期被培育出来，形成与自身的法律地位无关的不定型团体。他们通过秘密行动与交换机密来逼退军事机构的领导者，成功地引出肯听老人忠告的退伍老军人。战争时期的最后首相——铃木贯太郎（1867—1948），是日俄战争时水雷战队指挥官，其后担任天皇的侍从长。1936 年 2 月 26 日，铃木遭到反对军事独裁的青年军官袭击而负伤。他于 1945 年 4 月被任命为首相，引导日本接受投降。刚开始，他声明要致力于维护国体，借此让民众期望这场战争会战到最后，同时也让与他共同行动的少数近臣，期望可用彻底抗战以外的方法来护持日本。在做出接受《波茨坦宣言》（Potsdam Declaration）的决定之后，他对报纸声明：国体已获得维护。从铃木对全体国民及其同伙的活动方式中，可以看出灵活运用国家宗教的密教部分与显教部分的精彩事例。

日本国家宗教的密教部分受到欧洲文明的强烈影响。明治维新后不久，1871 年新政府将机构的领导阶层一分为二，也就是把部分富有学习能力的年轻人送去欧洲与美国学习西方的制度。当时一举派出 106 名高级官员到海外，对贫穷的后进国而言，绝对是花费金钱的冒险，况且当时的日本正为严重的经济问题所苦。遣欧使节团是由掌握新政府的最高权力、当时四十一岁的岩仓具视所率领，同行的包括时年三十八岁的木户孝允和同龄的大久保利通。也就是说，其中包括了被称为"维新三杰"的多数派，而"维新三杰"中留在日本国内的仅剩西乡隆盛一人。欧美使节团归国后，西乡隆盛即领导反政府的内乱，表明反对现居新政府要职的归国者所采行的欧化政策。派遣团中还包括当时年仅三十岁的伊藤博文，他在政府采行欧化内阁制度以后，出任日本首位内阁总理大臣，也成为日本君主立宪国的主要设计师。 59

这些高级官员派遣团对西方诸国科技的发达与效率印象深刻，也对推行有效率的统治组织所依据的宗教及伦理信条感到羡慕。因此他们试图修改日本的神道传统，采纳作为支撑高效率技术文明的力量。于是，"天皇崇拜"被当成可让日本更加繁荣的技术文明殿堂之思想基础。

换句话说，有关皇室的传说，即依此构想在政府制造的意识形态中被改造了。我们阅读日本最古老的书《古事记》时可以发现，天皇及其祖神们曾犯下许多错误，因为他们世俗的动机而相互牵制、争战与失败的记载，但这些愚行却在书中不以为耻地传颂下来！

我们从《古事记》的传说中看不到众神无谬的思想，其中显然包含一种作为多神教的神道教。然而，现今在新生日本文明的设计图，被改写的国家宗教中，神道已扮演极似西方诸国 60 的基督教角色，而带有浓厚的一神教特性。于是，永不会犯错的天皇形象出现了。此一形象在明治时代与大正时代具有比喻的性质——这是日本国家由熟悉国家宗教密教部分的元老、重臣阶层与高级官员共同推动的时代。

　　明治政府采用的政治思想顺利地根植在日本国民的心中，善恶价值判断的基准全依据天皇发布的敕语。所谓"敕语"，就是继承自传说时代以来，历代天皇公布旨意的形式。明治维新之后，《军人敕谕》和《教育敕语》是最重要的文献。另外还有中日战争开始与结束时发布的敕语、日俄战争开始与结束时发布的敕语、第一次世界大战开始与结束时发布的敕语，以及太平洋战争开始与结束时发布的敕语。这一系列敕语由1946年元旦天皇发表的《人间宣言》*宣告结束，而最后宣言是由占领军所起草的。

　　这些敕语中占有重要位置的词汇，被日本人用来保护自身道德和政治上的地位，而熟练地使用，成为忠诚臣民对天皇效命的最佳证明。在小学六年的义务教育中，即灌输这些词汇的使用方法。另外，单就男子而言，也会在年满二十岁，于军中服两年义务兵役期间接受这种思想灌输。教育敕语在全年重大节庆的日子由校长宣读出来，其间学生们被要求至少在仪式进行中低头站着听完敕语。这对体弱的小孩子来说，简直就是一种刑罚。在军队里，新兵被要求完整背诵出冗长的《军人敕谕》，这非常耗费脑力。许多孩童和新兵因为不能顺畅地背诵出敕语，或因为无法流利写出敕语中的汉字而遭到殴打。这些仪式把相同的条件反射灌输给日本全体国民。除了敕语的朗读和背诵之外，还有一种仪式，就是在小学校园的特殊储藏室内悬挂天皇的照片表示敬意。教师和学生经过储藏室时，被要求恭敬地行

61

---

*　在这个宣言中，天皇宣布自己是人，不是下凡的神，即否定天皇拥有的神权。

最敬礼。这是十五年战争结束前，天皇在宗教、道德与政治上权威的根源。

这些敕语中的关键词汇，无论背诵或正确写出都需要相当长的时间来练习。一旦掌握使用这些词汇的诀窍，就能不假思索地随口说出或随笔写下。如此一来，由于这些关键词汇的使用方法具有一定的排列组合规则，依据此规则，无论组织什么样的文章，都会变成具有相同的内涵，不需结合实际经验加以证实。当时的中央团体及其下面的各种分会，和许多担任名誉职的人，就是依据这种排列组合的规则发表演说。此外，下级军官对士兵的训话也如出一辙。

我不认为这是近代日本才有的特殊现象，在实行神权政治的地方，绝对有其类似的政治惯例。明治以后的政府，除了具有民主政治的性质之外，也包含这种神权政治的特质。至于两者是如何组合交集的，我们必须审慎看待。从1929年的世界经济大恐慌，以及日本为从大恐慌中寻求出路，而于1931年侵略中国所开启的时代里，我们可以直接看到神权政治的特质。此时，日本国民经由政府的六年小学教育和只针对男性的征兵制度，八十年来几乎都习惯地处于相同的条件反射下，所有的男性都能为同一目标行动。问题是，在日本投降后，日本人这种惯性难除的条件反射都到哪里去了？不过，这并不是我们在这里要讨论的问题。

根据丸山真男的研究，日本人的政治活动乃以三种功能分类：第一是神轿，第二是官吏，第三则是无视法纪的人。[3] 明治新政府成立之后，官吏获得了很大的权力。他们经过公平的考试制度，从全国人民中被挑选出来，政治上的重要决策就由各部门担任重要职务的官吏决定。负责各个专门领域的官吏，在中央政府中的地位虽然不高，但也占有很大的分量。现在日本中央政府的各部会，实际上已经被细分为更小的迷你部会，里面的长官，就是各课的课长。一旦官吏所做的行政处分受到人民的批判，没有地位的人民便会通过各种压力团体表达他们的不满，这些压力团体的代表就是无视法纪的人。所谓神轿代表权威，官吏代表权力，无视法纪的人则代表暴力。

当明治国家建造者所设计的秩序无法运作时，国民就通过无视法纪的人表现他们积存的不满，迫使当权的官吏们真正落实明治国家所采用的政治思想。若如实地解释这政治思想，其基本原则就是所有宗教、道德与政治上的价值都将源于继承诸神以来、万世一系地位的现任天皇。因此对西方传入的民主思想和世界观，以及同样从西方引进以人本为主的解释观点，都必须完全否定。过去由政府高官当作譬喻假设使用的各种词汇，现在都必须如实地加以接受，而且直接用以指涉事实和行动。

倡导此一运动的论者蓑田胸喜曾在 1933 年写道 [4]，日本民族在对现今拥戴的天皇（意即"现人神"＊）的信仰中，因为具有建国神话和国家宗教，因此可用儒教、佛教、基督教以及社会主义至今都无法实现的方法，来实践世界史托付给人类的使命。当我们奉天皇为"现人神"，忠诚守护我们的祖国时，

＊　借人的形象出现在现世的神，日本人对天皇的尊称。

我们也依此服务人类。

依蓑田的观点，让日本成为世界最强的国家，乃日本人为人类贡献的唯一的可能之路。当时，蓑田在日本少数私立大学的庆应义塾大学担任逻辑学和心理学教授。随着蓑田论点的日渐得势，使得京都大学法学院的自由主义教授们遭到去职。京都大学在日本各学校金字塔组织中占有次高的地位。由此可见，蓑田胸喜的论点具有足以改变这所大学法学院性质的力量。接着，他的攻击目标转向金字塔顶端的东京大学，迅即又成功地打败了先前的宪法正统解释——美浓部达吉的"天皇机关说"。

美浓部达吉在 1935 年遭到检察署传唤，就日本现行法下是否可以批判"敕语"而不受法律制裁，接受调查。担任调查的户泽检察官，就读东京大学时，曾跟随美浓部达吉学习法律。他是因为学习天皇机关说的宪法而通过司法官考试的人，因此非常了解其师的学说。调查结束后一天，美浓部达吉探讨宪法的三本著作迅即遭到查禁，也就是依法不得公开贩售。美浓部达吉并没有撤回他的理论，但于同一年辞去贵族院的职位。

被当作神轿抬着不放的天皇是如何看待这个问题？当时，担任天皇侍从武官长的本庄繁陆军上将（1876—1945）在日记中，曾记下他与天皇的对话。[5] 本庄试图把当时陆军的想法传达给天皇，天皇对此说出这样的感想："如果我们用思想或信念压抑科学，世界的进步就会停顿下来。如此一来，连进化论之类的思想也被推翻了——然而，这并不是说不需要思想和信念。总之，我认为思想与科学应该同时并进。"

这是天皇 1935 年时的想法。然而，无视法纪的人要求政府如实解释建国神话而展开运动时，多数掌权的官吏都不敢本于职责而赌上自己的地位予以否定。天皇虽然在本庄陆军上将的日记里留下他的私人对话，但他并没有公开指陈政府新订政策的不妥。相反地，天皇随着对中国战争的展开而改变想法。这可以从他没有支持撤出"大陆派遣军"，以结束对中国战争动向的政治动作看出来。[6]

明治初期以来，日本的官僚机构极力把有能力的年轻人安排在重要的职位上，军队的组织也不例外。在1931年以后的年代里，至少在形式上还保留这种架构。在陆军和海军双方参谋本部的成员中都有能力卓越的青年士官，他们的任务是就日本与假想敌国双方的资源提供最新情报。我曾得到当时最年轻的参谋军官——陆军的林三郎与海军的高桥甫亲口证实，当我问及日本对英、美开战是否有胜算时，他们当时都提不出肯定的答案。[7] 尽管从参谋部官员仅得到这种消极的预测，太平洋战争还是爆发了。其宣称的理由是石油存量不久即将告罄，倘若再延缓开战的时间，对日本将更形不利。而隐藏在这判断背后的理由是，已经持续十年为总体战所做的努力，不能因为政府机构受到打击而停顿下来。

至少自1931年以来，领导者对日本与假想敌国在军力和经济力上的差距，一直提供给国民相反的资讯，导致自己也因此陷入自我欺骗的境地。对国家的领导者而言，要从对国民的持续欺骗中，保持自我的清醒，是非常困难的。让当时日本的领导者踏上太平洋战争之路的决策背后，就隐藏着这种困难。回到前述的譬喻来说，由于日本国家宗教的显教部分在漫长的

67

68

岁月里吞没了密教部分，使得日本国家原始建造者们的构想因而瓦解了。

随着事件的发展，国家主义运动者相继暗杀掉自由主义政治家和财经界人士，也造成无视法纪的人与青年士官结合，试图展开军事政变失败的结果。不久，派至中国的参谋军官发动"九一八事变"，中央政府却对派遣军发动的意外行动表示支持。此行动也导致"满洲国"的成立，遂发展成与中国长期交战的局面。缺乏结束这场战局的能力，是日本后来陷入太平洋战争泥沼的原因。简单地说，日本在中日战争中被打败了。不过，至今仍有许多日本人在日本战败后不愿意承认这个事实。

在对抗英、美的压力下，为了致力于不受瞩目也没有宣战却持续与中国进行的困难战斗，政府发布非常时期宣言，借由各种法律来统一国民的思想。政府决定在使用"国体"一词上 69 有更新的解释和更明确的意义，以作为统一国民思想的工具，并二度进行"国体明征"*的宣示。由此看来，高级官僚已经败给那些与青年军官结合展开活动的无视法纪的右翼分子。"大政翼赞会"成立，目的在于寻求各种职业的日本人协助，借此贯彻政府的既定政策：坚持打完这场未公开宣战的战争。此方向意味着与美国、英国、荷兰三国的冲突。不久，日本政府向美、英、荷宣战。这段期间，议会制度仍被保留，但政党皆自动解散，并加入现政府支持的单一政党。1942年举行所谓"翼赞选举"的大选，这不是自由选举，警察和右翼暴力干涉了选举。

---

* 明确以天皇为中心的国体概念，为战前喧嚣一时的右倾思想。

当时受大政翼赞会提名当选的众议院议员有 381 人，非大政翼赞会提名当选的议员只有 85 人。此一选举显示，即使到这时期，仍存在着抗议政府指导战争与钳制言论的反对声音。

《漫画》杂志于 1942 年 5 月号刊出一则漫画，作者是杉浦幸雄，题为《彻底革除英美思想》。在这则漫画发表的当时，凡是头发烫成卷曲状者都被视为"非国民"*和违反国体。国家主义者甚至发起所谓的"反烫发运动"。此一事件的背景是，漫画里一名年轻女性正用力搔着头皮，西方传来的思想便像头皮屑般从她头上掉了下来。1931 年政府展开的转向诱导至此已到达终点。所有外国传来的思想像头皮屑般从日本人的头上掉下后，最后还会留下什么呢？就这则漫画发表的当时而言，留下来的只有日本政府所灌输的思想吧？那就是以"现人神"——天皇的无谬性为中心所建构出的国体观念。然而，随着日本的战败，同一个天皇亲自宣称自己是"人"而不是"神"之后，国体观念也像一小片头皮屑般从头上掉下来，之后就只剩下肉体而已。这就是战败后流行至今，经过形态变化而留存下来的所谓"肉体主义"的思想由来。坂口安吾、田村泰次郎和田中英光等"无赖派"†所代表的战后文艺主张，忠于肉体的需求就是最崇高的价值！有关田中英光，容后再行讨论。1960年起所发生的"经济动物"倾向，可说是从战争期间播下的种

70

---

* 意指"卖国贼、叛徒"。

† "无赖派"为"二战"后出现的文学流派，主要成员有石川淳、织田作之助、坂口安吾、太宰治等作家。作品采用反传统的自嘲式的手法，对社会罪恶和人生予以揶揄、抨击、渲染幻灭情绪，试图在沉沦中发现美。

子中萌芽、茁壮、成熟的思想。不过，长年根植日本人肉体中
的条件反射依然存在。这是把过去的文化储存在心底的潜在记
忆。从这意义来说，国体概念的形态仍存在着。虽然言语已经 71
消失，但言语所指涉的东西依旧存在。在此，我们再回到因为
战败后的条件发生些许变化，却依旧残存的锁国性形态。与大
多数日本人是农民的德川时代相比，现在农民只占全国总人口
的十分之一，想必锁国性会难以获得日本人的支持。然而，日
本四面环海，完全没有陆上的国界，又使用相同的语言，只要
狭窄的岛屿中继续住着稠密的人口，锁国性就没那么容易消除。
因此，今后我们还必须不断提问：国体观念会以何种形式保留
下来？

五 大亚细亚

1979 年 10 月 11 日

所谓"大亚细亚",是日本人用来表达与亚洲大陆居民关
系的词语。更精确地说,是指与包含日本人在内的亚洲人和平
共存的理想大共同体。[1]

早在幕末维新之前——中国鸦片战争时期,日本的先驱者
抱持的危机感中,已经萌生这种观念了。明治维新之后,尽管
也关注朝鲜与中国,但仍有许多像福泽谕吉(1835—1901)那
样不为亚洲问题所吸引的人,转而把全部精力集中在学习欧洲
的制度上。之后,当他们再度把目光转向朝鲜和中国的时候,
自认为已经有资格把速成学到的西方文明做法强塞给中国与朝
鲜,扮演居高临下的文明代表者的角色。

1931 年,侵略中国之举由派遣军开启,并以中央政府颇
觉意外的发展开始。之后,日本的中央政府虽然支持这项军事
行动,但无不为了使瞬息多变的发展正当化和巧辩而费尽苦思。
起先只有中央政府以外的右翼评论家发表泛泛之论,试图合理

化这项军事行动。这些右翼成员与负责作战的陆军青年军官间互通有无地展开活动。在既成事实不断累积之后，中央政府才于1931年"九一八事变"爆发后九年，宣布其政治思想上的根据。这是由当时担任近卫内阁外务大臣的松冈洋右（1880—1946），于1940年8月1日所发表的声明[2]，其内容如下：

> 我们现在的政策乃依据皇道的伟大精神，建立结合日本、"满洲国"和中国的大东亚共荣圈。（中略）大东亚共荣圈之中，当然也包括法属印度支那和荷属印度尼西亚。

大东亚共荣圈的范围是依据军事需要而决定的。为了确保1931年以后在军事发展上所获得的利权，陆军、海军参谋官与学者合作完成多项草案。在这些草案提出之前，已经有石原莞尔（1889—1949）倡议东亚联盟的构想。石原莞尔是应对"九一八事变"及其后发生军事行动负起责任的关东军参谋官之一。石原认为，日本必须觉悟，不久将会与包括苏联在内的 76 西方帝国主义国家发生冲突，所以（他本身对这开战也有责任）和中国间的对战状态不能长期持续下去。他的解决方案是，日本、中国和"满洲国"在平等的基础上建立友好关系。石原是"满洲国"的主要建造者之一。然而，"满洲国"成立后，随着东条英机的掌权，石原被逐出权力的核心。不久，所有的陆军，甚至稍后的中央政府，都被纳入东条的势力掌控之下。石原在陆军的所有重要职位全被解除，因为在东条看来，石原的构想力具有谋叛的因子。

　　1937 年 6 月，近卫文麿出任日本的首相。在此之前的
1936 年，近卫的老同学后藤隆之助（1898—1984）获得近卫
的援助，创立了"昭和研究会"。[3] 提案设立昭和研究会的后
藤隆之助意图借由这个组织，阻止当时逐渐倾向军国主义的趋
势。为了此一目的，后藤认为只要有助于解决当前的问题，他
愿意借重任何学派的人力。当时的日本共产党，除了身陷狱中
的成员以外，其势力几乎已完全崩溃。因此，后藤隆之助认为，
邀请原马克思主义学者及自由主义学者协助，对日本军事独裁　77
政权采取灵活而坚决的反对立场，并不会那么困难。尾崎秀实
（1901—1944）就是在 1937 年加入这个团体的。

　　昭和研究会中设有十二个独立的研究会，尾崎秀实不仅
担任中国问题研究会的主席，还负责全部十二个研究会的协调
工作。尾崎担任中国研究会的主席三年半，直到"昭和研究
会"被改组为半官方的大政翼赞会而解任为止。这三年半的期
间，尾崎以近卫总理大臣幕僚成员的身份活跃于政坛。近卫在
1937 年担任总理大臣之后，即组织以总理大臣为核心的早餐
会。总理大臣在参加政府会议前，拟定各项政策的幕僚们先聚
于一室，把汇整的资讯提供给总理大臣。尾崎虽然不是每次都
出席早餐会，却负有推派代表参加早餐会的任务。在同一时期，
尾崎也与理查德·佐尔格（Richard Sorge）保持密切的联系。
佐尔格是德国的报社记者，因为得到当时德国大使的信赖，能
获取秘密的情报。后来，佐尔格以苏联间谍的罪名被日本警察　78
逮捕，尾崎也以共犯的罪名遭到逮捕。尾崎在狱中时，写下了"我
颠倒了是非"的字句 [4]，或许从中可以显示出他的反省：与其

作为佐尔格集团中的一员积极活动，倒不如借由担任中国问题的专业评论家兼首相智囊的角色，把全部精力投注在中止中日战争的努力上。

作为中国问题专家的尾崎秀实，曾在1931年1月号的《中央公论》杂志上，发表题为《"东亚协同体"的理念及其形成的客观基础》的文章。他说："实践东亚协同体理论的过程中伴随发展的得失，虽然乃视中日抗争的张力关系或国际关系而定，但在日本国内推动此事产生的势力集结，才是最重要的问题。"他还预言，实际问题是发生在和日本国内资本家间的纠葛。

1944年11月7日，佐尔格与尾崎遭到绞刑处决。

从军事观点来看，佐尔格集团得到的"日本不会进攻苏联"的情报，意味着斯大林可以免除准备两面作战的重担。然而，尾崎作为大亚细亚主义评论家的地位，不应该因为他与佐尔格集团有所牵扯而被贬损。最终判决的审判长高田正是宣判尾崎死刑的法官，他对前近卫内阁司法大臣、因结识尾崎而失去职位的风见章说："尾崎是值得尊敬的人，他能将信念付诸行动，在这一点上，我非常尊敬他。"

虽然和佐尔格共同行动，但尾崎并没有接受任何报酬，他是为了信念而赌上性命。尾崎与日本共产党及苏联的共产国际并没有关系，作为一名独立的共产主义者，他对中国的民族主义以及中国的共产主义深表同情，是接近民族主义的共产主义者。尾崎认为，要保卫日本人，日本人就必须与试图从西方及日本帝国主义桎梏中解放自己的中国人通力合作。

尾崎的传记显示，这种大亚细亚的观点是从他自己的构想发展出来的。尾崎是日本报社记者的儿子，在台湾长大。日本人对台湾住民的歧视待遇，在他的记忆深处留下痛苦的经验，这却成为他后来丧失生命的导因。他前往东京第一高等学校就读，之后进入东京大学法学部。当时尾崎并没有醉心于大正时期民主主义的代表学者美浓部达吉，反而为美浓部的对手——当时是东大右翼运动评论家代表的宪法学者上杉慎吉所吸引。有趣的是，尾崎一生对上杉慎吉教授敬爱有加，即使在狱中所写的书简，也以自然流露的情感回忆旧师。 80

尾崎在第一高等学校及东京帝国大学法学部的学生时期，并未加入当时流行的新人会运动，对投入马克思主义运动的朋友也没有深入的交往，这是他虽受到马克思主义的影响，却长期未受到警察注意的原因。尾崎在东京大学的研究所短暂就读后，即进入朝日新闻社工作，并以特派员的身份被派驻到上海。他在上海时，结识了美籍报社记者——现在仍以左翼作家闻名的阿格尼思·斯梅德利（Agnes Smedley），并通过斯梅德利与德国记者佐尔格会晤。虽然他们三人有交换情报的共同行动，但日本的思想警察并未加以注意，因为当时日本警察的活动范围只限于日本境内，然而现在的情况已经完全不同了。

1934年，在日本共产党经过几波的"集体转向"而解体之际，尾崎调回日本朝日新闻总社工作。从那时起，他以中国问题评论家的身份四处活动，也因为对中国共产党知之甚详，发挥出深入的观察力，而开始受到瞩目。与这些公开活动并行的是，他又以总理大臣的幕僚身份在政界幕后暗中活动。此时， 81

他的老朋友佐尔格突然成为派驻东京的外国报社记者，出现在他的面前。这对尾崎来说，意味着另一项秘密活动的开始。而这项活动，最后竟然夺走了他的生命。尾崎被捕并判处死刑之后，包括众多右翼政治立场鲜明的人士及其朋友们都纷纷表示惋惜，由此可见他的人品。他的主要委任律师竹内金太郎，是一位出了名有骨气的国家主义者。他一直为尾崎辩护直到后者被处决为止，并称尾崎为真正的爱国者。尾崎既不受苏联政府指挥，也没有受到苏联共产国际对日本状况判断的影响。按照尾崎的分析，运动的主要打击目标应该是财阀和军阀的结合，至于天皇制，此时只是次要的目标。依照他对自己的评价，他是一个趋近于民族主义的共产主义者。因此有关尾崎的活动，即使在战败后，日本共产党一直没有给予公开的评价。

大亚细亚的观念被政府纳入施政纲领后，政府便筹划出许82多鼓吹大亚细亚理想的声明、仪式与会议。向美、英、荷宣战时，政府对如何称呼这场战争，一时颇为踌躇。日本已经有十年期间持续在这种没有宣战的战争状态中，既然决定宣战，就不能不对此战争状态予以命名。在政府的会议中，曾经提出过若干名称，例如"太平洋战争"或"对美英战争"等。最后决定命名为"大东亚战争"，选择这个名称的理由是，其他候补的名称并没有把日本与中国之间持续进行的战争状态包括在内，而此战斗状态才是这次宣战的真正原因。

在日本战败的岁月里，日本人从美国政府的视角来回顾过去，认为这场战争主要是用来对付美国，于是从中日战争的脉络中将这场战争割离出来。这样做，日本人就不必正视败给中

国——长期以来被日本视为军事上的弱者——这个不光荣的事
实。对于1931年到1945年间进行的战争，我提议取名为"十五
年战争"，原因是要把这场战争置于1931年"九一八事变"以来，
看似不连续实际却连续不断的战斗状态脉络中。另外一个与其
说是心理的，毋宁说是反心理的理由，就是对我们这一代在战　　83
争时期度过小学生涯的人来说，由于政府一再提出声明，才没
有察觉到战争其实已经持续很久，诸如"满洲事变""上海事
变"或"日支事变"＊之类的个别名称，反让人们误以为是个别
的战争状态。我认为，这是我们日本人抱持的主观事实，若不
打破这个局限，我们就无法了解这场战争的全貌。因此，这是
一场可以视为持续了十五年的连续性战争。然而，虽然事实如
此，这场漫长的战争背后并没有一个指导战争的策划者。石原
莞尔陆军中将曾经是挑起"九一八事变"的始作俑者，也曾怀
有防堵苏联及西方诸国的帝国主义的庞大构想，但他在这场战
争初期已被逐出负责的职位，尤其对1937年以后进行的战事
来说，他本身也持反对的立场。这场漫长的战争之所以持续进
行，是因为日本政府无力终止战事，这才是真正的原因。换句
话说，倘若没有日本文化里固有的锁国性这个条件，这场战争
肯定不会持续下去。

　　担任总理大臣的东条英机大将，虽然没有自己的创意构想，
但他凭着调整及统率以军人为中心的高级官僚的卓越能力，成　　84
功地掌握住政府的会议。他邀集菲律宾、印尼、泰国、印度、

＊　"满洲事变""上海事变""日支事变"为日方的称呼，分别指"九一八事变"
　　"一·二八事变"与"七七事变"。——编注

中国以及"满洲国"的领导者到东京，举行大东亚会议。参加会议的若干领导者，均能用清醒的目光来评估日本政府的战争目的，并有效地利用这次战争，加强他们自己在国内推动的独立运动。

巴莫（Ba Maw）曾于 1937 年担任缅甸第一任首相，1939年即组织自由同盟运动，意欲摆脱英国的支配，争取缅甸的独立。1943 年以后出任缅甸独立政府的元首，并与日本政府展开密切的活动往来。日本战败后，他隐居在日本的乡下，不久即遭到占领军逮捕。1968 年，他在《缅甸的突破：1939—1946 年的革命回忆录》一书中写道[5]：

> 对日本的军国主义者来说，他们被人种所束缚，而且这种观念也最为偏颇。因此，以结果而言，他们完全缺乏理解外国人，或让外国人理解自己想法的能力。正因为如此，在东南亚战争期间，无论事情好坏，在当地人看来，他们做的全是坏事。日本的军国主义者只从日本人的角度看待一切，更糟糕的是，其他国家的国民与他们共事时还必须用相同的方式思考。对他们来说，要做事只有一条路而已，那就是用日本人的方式；他们只关心一个目的，就是日本国民的利益；对东亚各国而言只有一项使命，那就是与日本永远结为一体，成为另外的"满洲国"与朝鲜。以日本人种的立场强压在他人身上，他们的做法就是这样。因此，就结果而言，日本军国主义者与我们当地居民间不可能产生真正的理解。

　　这就是身为亚洲领导者，同时也是东条英机首相最亲密的
朋友，并代表出席 1943 年大东亚会议的巴莫所做的感想。对
日本国民深表同感的他也补充说道：

　　　　日本的所作所为只能说是悲剧。回顾历史，我从未看
　　过有哪个民族为了把亚洲从白人的统治中解放出来，竟付
　　出这么多努力。不仅如此，我也很少看到一个为了助人解
　　放，并在诸多事情作为模范的国家，居然受到当地人民的　　86
　　误解。

　　菲律宾官僚机构的干部曾明确答应美国政府，受到日本侵
略时将会尽力抵抗，但属于统治阶层的大多数人，却跟日军的
占领政府合作。当时他们提出的借口是，他们是为菲律宾人服
务，是为了保护菲律宾人免受日军的不当要求而工作。然而，
仍有如托马斯·孔费索尔（Tomás Confesor）*那样的人，不改
其信念认为：即使美国陷入苦战，也不应该破坏对美国人民的
承诺。[6] 根据孔费索尔的理论，军人可以向强敌投降，但文官
在道德上并没有这种自由。因此，文官不应该和乘胜追击的日
军合作。像孔费索尔这样的人，都倾向使用游击战跟日军作战。
麦克阿瑟将军回到菲律宾开始反攻之后，主要的作战方式集中

---

*　托马斯·孔费索尔（1891—1951）为二战期间菲律宾伊洛伊洛省（Iloilo）省长，
　伊洛伊洛省被日本占领后，孔费索尔逃至班乃岛（Panay），在班乃岛领导反日势力。
　1945 年 3 月，马尼拉从日军手中解放后，他被任命为马尼拉市长，8 月担任内政部长，
　隔年获选为参议员。——编注

在于获取对日军的胜利,毫不关注如何保护菲律宾人。在这个
阶段,日军已无向美军反击的战力,纵使置之不理,也会自行
瓦解。然而,军队的领导者并不会等待敌人自行瓦解。在这场   87
战争最后的日子里,由于美军的持续轰炸,破坏了菲律宾人的
生存空间。从这时候起,许多持续抵抗日军的菲律宾人才认为,
美国终究不是菲律宾穷人的朋友。

对互相战斗的军队而言,不管在任何地方,要看清楚包围
自己的战斗对象是非常困难的。根据记载,日本人战败之后,
被送到菲律宾战场的 63 万日军中,总计有 48 万人死亡。日本
人这样回想的同时,却忽略了在这场战争中,有将近 100 万的
菲律宾人丧命。日本不但让约莫 50 万日本人白白送死,又跟
美国人联手杀了 100 多万菲律宾人。不过,这个事实还未纳入
日本人的记忆中。

大冈升平是在这场战争的最后阶段,被送往菲律宾的士兵
之一。[7] 他被美军俘虏,并在战败后写下《俘虏记》与《野火》
两部小说。在日本文学的传统中,小说家习惯通过美学形式来
表现自身的经验,实现此一形式也成为他努力的目标。之后,
大冈升平开始摆脱这种传统,重新松绑这种美学形式的束缚,
并试图追寻自己战争经验的细节。于是,在《莱特战记》*的记   88
录中,他找回许多在战争当时士兵们肉眼所无法看见的事物。
例如,他写下日军在占领菲律宾的两年中,为莱特岛上的居民
所带来的损害。这可从他书中引用的统计中得知真相:

----

* 书名中的莱特岛 (Leyte),是麦克阿瑟反攻时在菲律宾登陆的岛屿。

年份	水牛	肉牛	马	猪	山羊	绵羊	鸡	鸭	鹅	火鸡
1939年1月	163,398	14,694	11,699	342,251	10,186	1,984	1,300,754	2,754	259	173
1945年1月	72,200	5,070	6,660	134,220	5,130	870	528,470	2,040	130	70

大冈升平在书中描述由于日军杀死水牛，而破坏菲律宾人生产手段的境况。他还不忘补充说，被杀死的水牛是地主所有，往往因每个地主的地位而具有不同的意义。地主将土地租给佃农时，佃农必须付给地主60%的收成。所以在失去水牛后，佃农就没办法生存下去。如此一来，就不得不加入山里的游击队了。

大冈升平在这本书中，附了很多与菲律宾战争相关的书籍和小册子的庞大文献表，还强调这个文献目录是这本书最重要的部分。一位小说家说出此言实在极为少见。在此，我们可以感受到，日本文学史与精神史已展现出全新的特质。从其字源来看，所谓的"大东亚"，是伴随20世纪40年代日本政府的军事需要而产生的字眼。战争即将结束前，由于胜利已经无望，日本政府决定让亚洲各民族独立。这个决定意味着日本政府不想再白费力气，因为他们已经无法采取任何措施来改变当前的局势了。

1943年8月，日本同意缅甸独立。1943年10月14日，菲律宾发表自由宣言。1943年10月，自由印度临时政府在新加坡成立。日军决定停战的1945年8月15日，日本海军默许印尼的领导者发表独立宣言，以图谋抵抗荷兰的再次占领。

这一切举措，都不是在日本政府在这些地区还维持军事统治的时代所决定的。因此，并不能单纯地从日本让这些地方

独立的事实，就归结说，日本政府曾为了让亚洲各民族从西方　90
帝国主义中解放出来而做出努力。依结果判断的话，日本政府
的行动毕竟还是为亚洲各民族带来解放与自由。然而，这并不
是由于日本政府的企图，而是通过亚洲各民族自身的努力所获
得的。

有关日本政府的活动，在此暂告一段落。从精神史来看，
日本人的著作中有沿袭"大亚细亚"观念的系统，这个系统与
日本国家意图借由军事武力称霸亚洲的关注并不相同。

冈仓天心可说是发表这类作品的早期人物，此外还有宫崎
滔天、北一辉和大川周明等。由于北一辉和大川周明与其后的
军事叛变 * 有所牵扯，他们的大亚细亚思想性质因而受到质疑。
竹内好可说是属于这一系列作家中的最后一位。20 世纪 30 年
代，竹内好与几位朋友成立"中国文学研究会"。在日本尚未
向中国宣战的对战状态期间，日本人长期用带有轻蔑之意的"支
那"来称呼中国。不过，竹内好等人并不说"支那"，而直称"中
国"。竹内好在其同人刊物中，发表支持对美英开战的宣言。[8]
他表示，日本人必须有所觉悟，我们的民族将在这场战争中改
变性格，我们的国家在解放亚洲各民族的努力中也不得不变形。　91
他的构想是基于一个预感：不打破日本政府当前的结构，就无
法抑制政府领导者支配亚洲各国的野心。

———————————

* 北一辉因 1936 年由陆军青年军官发动刺杀政府和军方高层的政变"二二六事件"
　 而被逮捕，隔年以思想主导犯罪名遭枪决。大川周明因参与 1932 年海军基层军官
　 和右翼分子等刺杀首相犬养毅的"五一五事件"，以叛乱罪起诉，判处五年有期徒
　 刑。——编注

战后的年轻评论家菅孝行，站在竹内好思索的方向上，从战后的日本政府中，看到了比战败前的日本政府，更有效持续战争目的的机构。[9] 另一位战后的评论家松本健一属于比菅孝行更年轻的一代，他在日本与东南亚现在的经济关系中，看见比日本政府鼓吹的大东亚共荣圈的战争目的，更为有效稳定的实现形态。[10] 正如他们所指称的，东南亚与日本的经济关系中，以日本为中心的偏颇性质，仍保有战争时期日本所显示的形态。

六 非转向的形式

1979 年 10 月 18 日

在日本，宗教的形式和西欧或美国稍有不同。当日本人被
问到"你信什么教"，尤其是被外国人询问时，都会简扼地回答：
"我信佛教。"然而，正确地说，日本人的宗教信仰不能这样归类。
现在的日本人，除了近亲的丧礼或自己死亡的后事以外，几乎
很少去佛教的寺院。对大多数日本人来说，墓地是由佛寺管理
的。除了这种关系之外，就算当事人以家族为单位，参与佛教
特别教派的教义，这些教义都不见得会浮现在他个人的心灵中。

日本人很少认真思考佛教与神道教的差异，虽然这两种宗
教在西方比较宗教的书籍中被区分为两种不同的宗教，但其实
在日本人的感觉中几乎是相连的。在此种宗教意识中，也纳进
了佛教及神道教以外的各种宗教，而这些宗教最后都消融在日
本式的宗教信仰中了。

对居住在都市里的日本人而言——现在大多数的日本人都
过着都市生活——圣诞节是众所周知的庆典活动，这项庆典通

过商业活动普及日本全国。因此，对百货公司而言，12月底的圣诞节期间是增加业绩的最好机会。在现今日本人所能享受的艺术形式中，最强而有力的就是广告；它把圣诞节变成日本人居住环境的一部分，纳入日本的岁时记，成为每年季节嬗递中诸多的节日之一。基于期待和迎接圣诞节的到来，日本人每年只有一天是基督徒，不仅互赠圣诞礼物，也把这天当作喝酒的借口。通过每年只做一天的基督徒，日本人认识了基督教的传说和仪式，进而开始对基督徒的生活方式产生共鸣。

若按照西欧式的分类法，这些互不相同的宗教，其实早已融合吸收进这狭小群岛上的日本人的共同信仰中了。这种宗教心支撑着彼此共居一地的事实，再由明治以后的政府暗中操作，把它铸入国家宗教的模型中，使其塑造出对当权政府的服从。不过，这不能说是操纵日本人共同信仰的唯一方式。

在此，我们试着从另一途径来探索日本人的宗教信仰。为了厘清日本人共同信仰的性质，有必要通过日本民间传统，来了解在日本与西方各国断绝往来的锁国时代中，是如何改变耶稣基督的福音书，并借此探究日本人的宗教心性质。

自从日本向西方各国关上国门后，日本的基督教徒大都屈服于德川幕府政权的压迫下而"转向"了。有些人成为殉教者，为坚守信仰而死；也有人逃到远离中央政府的日本离岛角落，躲避中央政府的严密监视，才得以披着中央政府强加的佛教袈裟，继续维持他们原本的基督教信仰。

1854年日本开放门户之后，欧洲的天主教会怀着一种期望——希望已经脱离欧洲基督教中心两百年的日本人，其心中仍保有些许基督教信仰，因而派遣传教士来到日本。这类隐藏的信徒在 1865 年出现了。1865 年 3 月 17 日，法籍神父珀蒂让（Bernard T. Petitjean）在九州长崎新建的天主教堂"大浦天主堂"门前，看到十多名日本人聚集在一起。这时候，有三名女性走向法籍神父，用跟神父相同的姿势祈祷。接着，她们小声地对神父说："我们和你有相同的信仰。"这几名女性是来自当时被并入长崎市的浦上村的农妇。

光是在浦上村就出现了 1,300 名基督教信徒。后来，在九州各地又出现了数千名基督教徒。但是，他们因为信仰的关系而遭到明治新政府的迫害。尽管在这二百年间坚持信仰，但进入明治时期后，大多数信徒仍遭受拷问与流放，并被迫"转向"。直到 1873 年，明治新政府才解除对基督教的禁令。在此之前因坚守基督教信仰而被囚的信徒，才终于获得释放。在明治初年大举迫害信徒期间，许多有智慧的人借由装傻充愣继续维持他们的信仰。他们不接近外国人新建的天主教堂，而默默地坚守自己的信仰。这些隐藏的信徒到底有多少，确切的数字目前仍无法得知。

田北耕也在《昭和时代的隐藏天主教徒》一书中提及：在九州长崎地区，光是五岛列岛其中之一的奈留岛，就有 4,500 名隐藏的天主教徒。[1]

至于在这些隐藏的天主教徒之间，是如何传递福音书的，实在引人兴趣。在黑崎地区和五岛流传着一本《天地始之事》的抄本，用这个方式来传述耶稣基督的传说：

　　希律王为审判耶稣，上天下地遍寻不着，连当地居民之子亦混杂其间，遂下令诛杀全国所有刚出生至七岁的婴孩（为数 44,444 人），既不惋惜，亦不哀伤，其数达 44,444 人。耶稣得知消息，自认数万孩子失去生命，全是因己而起，遂发宏愿自承一切苦业，来救这些小孩之后世。此时，父神认为数万幼子失去生命全是因耶稣之故，为此失去天国的喜乐，放心不下，予以告示：为了死去孩子的后世，你自当受谴责罚，舍身而尽。耶稣顿时伏倒在地，泪出鲜血。正午五祈祷文（玫瑰经痛苦五端）即为此时的产物。其后，耶稣回到罗马国的圣洁教会，自当承受恶人折磨，舍弃生命。

100

　　以上需稍加以解释。所谓"连当地居民之子亦混杂其间"，是传述福音者自身的生活感受。这些人原本是农民，即使不是农民，而是武士或町人＊，也已经逃到远方成为穷地的农民。这样看来，传述福音书的人似乎颇有潜入土地中，艰辛求存的感受。并经由这种实在的感受，重新改述了耶稣的一生。接着说，希律王下令诛杀的孩童达 44,444 人，这数目似乎是来自京都三十三间堂†的佛像总数，再将数字加进去的。同时，也加入具有与欧洲不同起源的元素。在福音书的口头传承中，有时也会掺进事实以外的各种传说，如同五岛的福音书传述的那样。其实，姑且不论耶稣是否存在，就算真有其人，他身上发

101

＊　在日本江户时代，对从事工商业者的称呼。

†　位于京都的天台宗寺庙，"间"乃一种建筑用语，代表柱间的距离，内有一千零一座木造千手观音像，乃"莲花王院本堂"的通称。

生的事情能否如实传述，恐怕终究还是难脱传述者实际的生活
感受。在这种情形下，传述的故事就会变成活在自己心中的耶
稣，和自己所相信的耶稣。在日本传述耶稣传的人，也有一种
深沉的不安，因为他们在岛原之乱＊结束后，仍被江户德川幕
府的官吏追赶，随时都可能被磔刑致死。因此，比起进入明治
时代，解除基督教令之后，通过欧洲传来的新学问将欧洲福音
书翻译成日语的人，那些隐藏信徒的耶稣传可说包含更深切的
焦虑。

　　1945 年战败以后，日本的圣经研究又往前推进，出版了
合乎现代日语的口语体福音书。比起明治时代的译本，此日译
本在质、量上都要高出许多；比起住在五岛列岛的隐藏基督徒，
新译本也更准确地把欧洲的圣经译成日文。在战后的解放感中
译成的圣经文体，显得温和自然。姑且不提文体的形态，就思 ㅤ102
想来说，父神现身叱责耶稣的理由是：因为他，数万幼童失去
性命，所以，他必须为这些孩子的来世承受苦难，抛弃生命。
耶稣本人也这么想。而这种受苦的方式，正是日本人的方式，
即世代住在这岛国的群体，所培育出来的同胞情怀。这种情怀
成了传述耶稣传的动机，也跟 1931 年开始的十五年战争期间，
推动日本人和渗透日本人的那股情感非常相似。在我看来，日
本基督教徒在十五年战争期间，遭受苦难却不放弃自己信仰的
那股情感，颇近似于德川时代二百年的锁国期间，天主教徒坚
守信仰的情愫。从某种意义上来说，五岛列岛的福音书与现在

* 1637 年，反抗江户幕府残暴镇压的天主教信徒们，在天草四郎的带领下攻占岛原
　半岛南部的原城，史称"岛原之乱"。

所要谈的战争时期精神史，颇有相通之处。

中村元是佛教学者，他在十五年战争期间，曾比较研究中国、印度、中国西藏和日本接受佛教的形态。虽在战争期间，中村元仍持续这项研究工作，终于完成巨著。这本题为《东方人的思维方法》的专著，战后在日本出版，也译成英文版。根据本书研究指出，与其他东方民族如中国人（尤其是西藏人）、印度人等相比较，日本人接受佛教的特色在于简化其教义，并强调同信仰者的人际关系。[2] 这些特色并不是通过德川中央政府镇压基督教，迫使其转向并采用官方准许的佛教教派而兴盛起来的；毋宁说，在更早之前，盛行的民间佛教运动中即已显现出来。因此，在这种简化的佛教中，也显现出教徒拒绝政府不当要求的态度。

佛教有许多教派，其中也有隐秘的教派，跟基督教中有隐秘的基督徒一样。以我所知的例子而言，阿伊染德美曾写过一本《我躲着念佛》的书，这本书写出他在成长过程中与同伴躲着念佛的故事和仪式。[3] 那是流传于岩手县山中和贺村的黑佛流派。在这山村的隐藏念佛信徒间，形成了友爱共同体的意识。例如，美国佛蒙特州的奥内达（Oneida）* 就有这种共同体，他们在百年前就具有友爱互助的习惯，哈夫洛克·蔼理士（Havelock Ellis）的《性心理学》中很早就加以介绍过；据说和贺村也有类似相同的习惯。这种黑佛信仰是由约二百年前，遭到政府认可的佛教教派迫害，而进入潜伏状态的流派所形成

_____

* 奥内达，北美印第安人伊洛魁族（Iroquois）的一支。

的。村民为帮助逃进山中的僧侣，而在当地形成信仰的共同体，104
并通过信仰让原本就存在的互助习惯，更加紧密地结合。正是
基于这种坚韧的共同信仰，和贺村的信徒们才得以度过数次饥
荒和战争的威胁。在这期间，他们始终不肯向官吏坦承自己的
信仰，不论在德川时代或对明治以后的新政府，始终如此。阿
伊染德美指出，进入明治时代以后，曾发生数次内乱，后来又
与外国发生两次大型战争，许多村民被迫当兵或因而战死，造
成许多寡妇和孤儿。村民们不但公开迎纳寡妇为妻，落实互助
合作的精神，还照顾无依的孤儿们。这种形式，也随着政府强
迫村民参加战争而产生的不信任感传承下去。这种信仰并不美
化战争，反而认为战争比饥馑还要残酷，这种口头传承也随着
佛教信仰流传下来。姑且不提这种隐秘佛教的共同体，大都市
中合法的佛教教派时常通过宗教赞美战争，又只会传达支持政
府的言论。因此，遗留在和贺村的共同体信仰可说是毫无前例。
在山村里，不管是战时或战后，村民们始终背对着外界的人——105
与中央有所关联的学校制度与军队制度、官方许可的寺庙和佛
教制度等，悄悄地举行隐秘的宗教仪式。这信仰的底层，含有
对现存政治秩序与政治权威的不信任感。

德川时代和明治初期，正统官方许可的佛教教派，都被用
来打压基督教的信仰；国家神道则在明治时代和十五年战争期
间，被用来钳制共产主义与自由主义。在基督教信徒中，成立
官方认可大型团体的人士，在一开始便主动支持中日战争，其
中绝大多数都参加过大政翼赞会的运动。在较小的基督教教派
中，像是圣教会、基督复临安息日会和灯台社等，至少在某一

时期曾对十五年战争采取批判的态度。不过，灯台社因与日本传统有关系，尤其值得注意。灯台社此一无教会派基督教团体的总部设在美国，由罗素（Charles Taze Russell，1852—1916）创立，之后由拉瑟福德（Joseph Franklin Rutherford，1869—1942）继承，其后再由会长诺尔（Nathan Homer Knorr）主持。这项运动以基督临在思想为教理，要求信徒对世俗权力提出不妥协的批判。同时，拒绝向国家敬礼也被当作信徒的义务。基于这种信念，不管在德国或日本，信徒们都不断地抵抗国家至上的政治思想。许多信徒也因此被捕入狱，甚至死亡。

　　明石顺三（1889—1965）为了成立日本分部，1926年从美国的灯台社总部被派到日本。明石顺三并非像现在在美国发行的灯台社历史《耶和华见证神的目的》（1959）中所写的那样，是日裔美国人。[4] 他出生于日本滋贺县息长村的岩胁——靠近琵琶湖的山村；父亲是个中医师，十四岁时从中学退学，计划前往美国。1908年，他十八岁时前往美国，一面工作，一面自修读书，主要利用公立图书馆自修。1914年起，他先在圣地亚哥，接着在旧金山，最后到洛杉矶担任日文报纸的记者。在这期间，他娶了日籍妻子。由于妻子是灯台社的信徒，因此他也就顺理成章地加入这个教派。明石顺三和妻子生有三个儿子。当他被派往日本负责成立日本分部时，他的妻子拒绝一同前往，而留在美国。夫妻两人就在这时办理离婚。而一开始和母亲留在美国的三个儿子，不久也被送回日本，与父亲同住。这三个儿子认同父亲的生活方式，始终不肯接受小学以上的教

106

107

育，并协助父亲筹组日本灯台社的工作。

在日本军国主义（始于"九一八事变"）兴盛的前五年，灯台社的组织非常符合日本社会的气氛。这种基督教运动没有教会组织作为基础，只阐释耶稣基督复临的教义，并教人民反对战争。不过，明石顺三等人的传教作为，却受到抱持相同理念进行活动、同时代的伟大基督徒内村鉴三＊的忌妒。太田雄三所著的《内村鉴三》（1977）一书，便指出这个伟人的善妒；高阪薰还引用内村鉴三及其弟子讨论明石顺三的信件，借此呈现这伟人的狭隘面向。

1931 年日本进入军国主义时代，全国气氛丕变，灯台社的活动因而受到警察的强力干涉。明石顺三的长子明石真人被征召当兵时，旋即表明自己反对杀人，将授予的枪支交还给长官。这则新闻迅速传遍日本各地。在别的地方，也发生和明石真人相同的行动，这个问题让日军头痛不已。因为在此之前，日本鲜少发生这种"良心式规避兵役"，也就是基于信念而规避兵役的事例。[5] 最后这些人被送到军事法庭接受审判。1939 年 6 月 14 日，明石真人遭判监禁三年。在军法会议判决之后约一星期，1939 年 6 月 21 日凌晨 5 时，50 名警官突袭位于东京的灯台社总部，逮捕了共 26 名男女，其中包括明石顺三和他刚再婚的妻子，以及他与前妻所生的另外两个儿子。也就是

108

＊　内村鉴三（1861—1930），思想家、宗教家。曾坚持不在学校奉读《教育敕语》时
　　鞠躬礼拜而引发舆论争议，主张"非战论"，并积极评论时政。提倡不受特定教派
　　或神学束缚，不依赖特定机构或神职人员，纯粹以《圣经》为本的"无教会主义"。
　　著有《代表的日本人》《我如何成为基督徒》等书。——编注

说，明石一家全部遭到逮捕。在被捕入狱期间，明石顺三只能阅读经过许可的书籍，其中包含佛教与神道教的经典。经由在狱中的思索，他发觉自己所探求的宗教真理，并非只存在于《圣经》之中。战争结束后，他所写的长篇小说《净土真宗门》中，主角老人得出一个结论：宗教的真髓，在于欢喜归空。他说，这种想法乃出自佛教的《法华经》。因为信仰佛教而开悟的人，就是能够在寂灭为乐之相中观看世界的人。换句话说，这种想法就像旧约《圣经》那样把世界当成空之又空的事物。他认为《古事记》中也有这种思想。

日本当局禁止明石顺三跟他被关在陆军监狱的儿子会面，然而，他从阅读佛教经典和神道教文献所获得的感想，还是经由别人口中传到了明石真人的耳中。明石真人长期以来都在父亲所说的"绝对的真理只存在于圣经中"的教诲下长大，当他听到现在父亲认为真理并不只存在于《圣经》中时，受到极大的打击。不久，真人撤回拒绝扛枪的誓言，并在 1941 年，写下"转向自白"。根据自白，他在狱中自行阅读日本最古老的史书《古事记》与《日本书纪》后，得出这样的结论：日本之所以伟大，是因为拥戴万世一系的天皇和世界之冠的"国体"；万世一系的天皇为了日本民族，以及所有日本国民不断地献身努力。因此，他立誓今后要以身为帝国军队的一员，尽最大的努力，将他充满罪恶的身体奉献给天皇，为保卫国家欣然赴死。于是，他加入战车部队，战败后才恢复正常的市民生活。后来，真人也说服他的弟弟们抱持这种"转向逻辑"加入军队。明石顺三的次子就是担任陆军的文职人员在南方战死的。顺三的第

109

三个儿子，尽管在兄长的说服下，仍然坚守父亲传下来的信仰，在当局的监视下度过战争，迎接战败的到来。

同样是阅读神道教和佛教的经典，父子两人却得出不同[110]的结论。父亲明石顺三听到其子"转向"之后，1942 年 4 月 9日在法庭上现身时，在法庭记录中留下这样的证词：

> 　　现在，跟随我的只剩下四个人，加上我一共五人。这是一场一亿人对五人的战争。到底是一亿人获胜，还是五人所说的神谕赢得胜利？不久就能获得证明。我确信这一点。而且我们处之泰然，毫无所惧，何必多言。

没有人在旁听席上听到这项证词，因为当时那些未被捕入狱的灯台社信徒，担心遭到警察迫害而留在自己家里。不过，尽管战争已经进入最后阶段，日本的法庭仍旧把明石顺三这段没有人在场旁听的最后证词记录下来。

在最后的证词中，明石顺三并没有提到自己在狱中从阅读神道教和佛教经典中学到什么，这大概是他得知自己的儿子"转向"之后，导引出他对这个问题保持沉默的智慧。明石顺三完全可以想象到，如果他说出自己对神道或佛教的感想，肯定会[111]被当时的政府加以利用。因此，他成功地阻止了自己在狱中领悟的宗教观，遭到当局扭曲甚而误导社会的可能性。这显示出深谙实际政治表里的练达政治家的判断。明石顺三在战后去世，他较为年轻的弟子——村本一生，是一个贯彻信念的硬骨头，始终留在狱中直到战争结束。他用"一言以蔽之，他是个完美的常识人"*来形容明石顺三的人格。

　　战败后，明石顺三获得释放，与其一同被关在狱中的四个人当中，他的妻子和一名朝鲜籍信徒，在战败前就已经去世。残存的三人之中，一名朝鲜人返回祖国，明石顺三和一名年轻的女信徒幸存下来。明石第三次结婚时，把在狱中贯彻信仰的年轻女性收为养女。这名女子罹患重病，需要很长的时间才能康复。明石一家和从陆军监狱释放的村本一生共同退居在栃木县的鹿沼，在经历漫长的战争岁月，仍坚守信仰的团体中继续过着俭朴的生活。据说，他们彼此间几乎不谈论战争期间的事。在战后，他们完全脱离灯台社的活动，也不推动与灯台社不同的新兴宗教运动。

　　日本战败两个月后，当明石顺三被释放的消息传到了灯台社美国总部时，总部打了一封祝贺电报给他，并说要送一整船 112 的粮食和其他物资援助他们。不过，读完美国总部在战时活动的报告后，明石顺三在村本一生的协助下，对总部在宗教集会时竖立国旗的国家崇拜行为进行批判。此时的明石顺三肯定想起许多日本的灯台社信徒，曾因为拒绝在皇居前行最敬礼而遭到拷问，甚至死在狱中。此时，担任灯台社第三任会长的诺尔得知这批判后，撤销了明石顺三在灯台社日本及朝鲜分会长的职位。然后又在回复明石顺三的信中说："我确信，以耶和华的灵读过你的公开信的人，都能轻易看穿，从罗素牧师时代至今的这些年中，你一直是个伪善者。"于是，明石顺三就从灯

---

* 常识人意指拥有健全的判断力的人。

台社的历史中被抹杀掉，甚至现今在日本通过个别家庭拜访增
加信徒的灯台社人员之间，也不知明石顺三是何许人也，更不
曾出现在他们所持有的灯台社历史书籍中。

　　灯台社、圣教会和基督复临安息日会等小型基督教教派，
从中日战争初期的阶段就采取批判的态度，因为这些教派大都
在下层社会活动，而下层社会的民众不仅没有因战争获得利益，
反而深受打击。在这场战争的初期，进入大学的青年都享有延 113
缓入伍当兵的恩典。不过，无法接受高等教育、年满二十岁的
青年，就必须接受征兵检查，体检合格者即编入军队。因此，
其死亡率要比同年龄的大学生明显高出许多。另外，在灯台社
里面，有许多朝鲜籍的信徒，这可以从战时在狱中坚守信仰的
五人中就有两名是朝鲜人推断出来。

　　较大的宗教团体，就基督教而言，除了圣公会之外，无不
与政府的战争政策积极合作，但内村鉴三影响所及的知识分子
小团体，对战争仍维持批判的态度。经济学者矢内原忠雄、政
治学者南原繁等，都属于内村鉴三门下的“无教会”教派，这
两人在日本投降后先后担任东京大学的校长。

　　佛教团体除了极少数例外，都视侵略中国为圣战运动的前
锋；例外的只有妹尾义郎所领导的新兴佛教青年同盟。妹尾义
郎抱持一切事物皆为相互依存而生生不息，亦即“缘起之法”
的观点，认为洞彻此法为生之后，其解放人类的基本态度，应
该以建构否定个我与私有的共同生活为目标；抱持这种立场当 114
然会产生反对帝国主义战争的思想。此团体在农村的下层人民
中推展宗教活动，必要时还义务替人筹办丧事。然而，妹尾被

捕后，于战争的最后阶段却声明"转向"。[6]

由柳宗悦所领导的民艺运动，推动依据佛教美学而尊重工匠的观念，并在战争的集体狂热中守住自己的立场。[7]

战争初期，存在于都市下层阶级的反战情绪，通过日莲宗佛教运动的形式之一，亦即牧口常三郎及户田城圣所领导的"创价学会"表现出来。[8]不仅在都市，农村下层阶级的反战情绪，也从出口王仁三郎所领导的"大本教"、御木德近所领导的"人之道"、大西爱治郎所领导的"天理本道"等神道系宗教运动中宣泄出来。[9]在这些运动中，有人遭到逮捕，也有人死于狱中。存活到战败后的人，也跟拒绝"转向"而不改变政治信仰的日本共产党残余分子，于日本投降后一同获得释放。

那些在战争期间拒绝转向、贯彻信念的共产主义者，于日本投降后不久，都成为共产党支持者所创造出来的传说对象。这十多名"非转向"的共产党员，被视为体现共产党无谬性的 115 代表。然而，最先对这些人提出批判的是吉本隆明（1924—2012），他属于在战争期间成长的年轻世代。[10]他在1959年发表《转向论》，批判了拒绝转向的共产党领导者。吉本隆明论述说，就丧失与同时代状况接触的机会而言，其实这些狱中共产党员的"非转向"，和接受转向者的思想，以及接受转向的原共产主义者的思想一样，都是荒芜空荡的。他又认为，这种"非转向"只是以原理为原理机械般地执行，在提供如何面对时代处境的指导方针上，没有任何效用。但我认为，他忽略了一个事实，那就是所谓"非转向"并不是静止不动的状态。由于人乃血肉之躯，行动总处于不停摆动的状态，这也包含不做某种行动的抑制状态。人类无论处于何种状态，都无法脱出这种摆动的状态。进一步说，在摆动的状态中，人必须依靠某种基本价值来支撑自己。这种基本价值基准，在语言的原义中，可称为宗教。这十多名共产党的领导者，出狱时仍采用20世纪20年代在狱外活动时，与左翼知识分子间使用的语言和表达方式，来发表他们的政治见解。那是20年代东大新人会成员的文体，经由欧洲传入的翻译语词所形成的。不过，那种语言已经远离战败后日本人民的生活情感。

　　坚持不转向而留在狱中的共产党员沼山宽，在日本投降及获释后，活了三十年。他在临死前，这样说道："战争结束的时候，我们已经疲累至极，几乎失去了思考的能力。当时，有位占领军的军官前来通知要释放我们。在我们之中精神最佳的要数德田球一，他问我是否应该接受占领军的提议。那时，我已经没有力气思考，只回答说，按他认为正确的去做。提这件事，并不是要夸示我当时的先见之明，但现在，我觉得当时应该这样回答：'在日本人让我们获得自由之前，我们应该留在狱中。'"[11]

　　与此稍有不同的是，作为灯台社信徒而留在陆军监狱，直到战败才出来的村本一生，于战败后三十年，这样说：现在走到皇居的话，我觉得会被迫高呼天皇陛下万岁。[12] 在战争时期，只要对中国战争一日未歇，他就没有现在这种感受。即使是相同的行动，在不同的境况中所代表的意义是不同的。由此看来，他与其师明石顺三都是具备充分常识的人。这种确实掌握时代脉动，加以判断后付诸行动的方式，不同于以引进海外思想作为大前提，并单凭此逻辑从中得出对同时代状况所做的判断方式。

七　日本之中的朝鲜

1979 年 10 月 25 日

通过日本人对朝鲜人的态度，我们可以将日本人的思想放在一种"分光仪"中加以分析。这跟区分或右或左的政治思想不同，它可以呈现出各种想法。前文曾稍提及，日本政府试图把文明强加于朝鲜，这里所谓的文明是指"西化"。早在1875年，明治维新政府成立八年后，当时日本的右翼和左翼两派就有把文明强加于朝鲜的想法。

1884年，自由民权运动的两位伟大领导者——后藤象二郎和板垣退助，计划发动军事政变，推翻朝鲜传统主义者的统治。后藤梦想成为朝鲜的总理大臣。这项计划最后被日本政府得知，日本政府自行采取自由民权运动者的构想，着手进行类似的计划，却因中国派遣军的干涉而瓦解。1885年，自由民权运动左派领导者大井宪太郎计划以暴力推翻墨守传统立场的朝鲜政府，这项行动被称为"大阪事件"，在付诸行动前即被日本警方镇压下来。之所以称作大阪事件，是因为当时执行总部设在大阪。

在这个时代，所谓文明阶梯的思想，在日本国内对政治有兴趣的人的想象中，时常作为一种实体的观念发挥着作用。参加政治活动的人——不管是右翼还是左翼都相信，要强制朝鲜进一步登上文明的阶梯，就算使用暴力亦未尝不可。这是基于他们政治上笃定的信念。

尽管"大阪事件"失败，但强迫朝鲜接受文明的思想并未因此停止。其他类似的计划仍持续进行着。樽井藤吉拟出一个构想——把日本和朝鲜合并为一，在平等的基础上建立一个具有新名称的新国家。[1] 这个想法在 1910 年由日本政府付诸实行，却不是建立在樽井所梦想的平等基础上，最后，日本并吞了朝鲜国。

日本政府采取"日韩合并"的行动，对日本人和朝鲜人带来如何严峻的结果，当时对此进行深思的日本人为数不多，诗人石川啄木（1886—1912）是少数其中之一。他在朝鲜国灭亡那天写了一首哀悼的短诗（短歌）[2]，同时，他也写评论，批判日本的自然主义文学只着重刻绘日本人私生活的细节。他又说，如果自然主义文学家有勇气描写日本人的生活，就应该描写国家使日本人的自由窒息的事实。明治时代即将结束的1911 年，发生所谓的"大逆事件"，被视为涉案的诸多嫌疑者还包括当时具有领导地位的知识分子，其中有人被冠上意图暗杀天皇的罪名，而被处以死刑。石川啄木受到这次事件的冲击，在日记中留下对此事的批判文字。

对于当时欧洲最新的文艺思潮输入日本，所形成日本式的

123

自然主义，石川啄木所提出的批评，在当时《中央公论》的编辑木佐木胜的日记中，可得到精彩的例证。

关于以小说《棉被》在日本掀起自然主义文学运动的田山花袋（1871—1930），木佐木胜在日记中留下这段插曲 [3]：当时田山花袋已经是一位年届中年的著名小说家，但1923年关东大地震时，他听信朝鲜人在附近的井里下毒的谣言，便去追打朝鲜人，并夸示自己的体魄。这种不负责任的流言，却获得军队及官员的推波助澜，在1923年9月1日的关东大地震之后广为流传，遍及东京和横滨。当时有6,000名朝鲜人未经审判，即被自愿担任民警队的民众组织、警察和军队当街杀死。做出犯行的群众，虽然有少数在事后遭到警方逮捕，但大都只经过形式上的调查，即以证据不足的理由予以释放。

然而，当时发出抗议之声的日本人少之又少，例如后来当了演员及表演者的千田是也（1904—1994）。他曾当街被民警队误认为是朝鲜人，在险遭杀害之际，刚好有邻居经过，证明他是日本人，才得以保住性命。从那之后，除了千田是也的本名，他又给自己取名为"千驮谷的朝鲜人"*，沿用至今。千驮谷就是他被误认为朝鲜人，而险遭杀害的地方。尽管如此，他接受了自己被误认为朝鲜人的角色，并成为他日后长期推动政治与艺术活动的力量。

若稍微追溯日本与朝鲜的关系可以发现，日本在德川时代曾有礼尊敬地迎接朝鲜派往日本的使节团。朝鲜和日本双方对

124

125

---

* 地名，位于东京都内。

于所谓的"教养"，是以使用中国汉字，写出中国式散文和诗词的能力作为衡量。由于朝鲜使节在这方面的能力远胜日本的知识分子，因而获得很高的评价。不过，到德川时代接近尾声时，日本与朝鲜的正式交流中断了。

明治新政府成立之际，日本人对待朝鲜人的态度可以说尚属中立。后来，向往文明的热情攫住日本政府和人民的时代来临，日本人从此看不起朝鲜人。

作为帝国主义国家兴起的日本，在中日甲午战争后，取得台湾；日俄战争后，取得库页岛，又获得满洲和中国东北部的铁路使用权，接着吞并了朝鲜。在这个过程中，日本人轻蔑朝鲜人的倾向愈加强烈。日韩合并后，日本的商人大举前往朝鲜，从胁迫、放高利贷到欺诈等手段，用尽各种方法，将土地据为己有。许多朝鲜人失去了土地，加上在第一次世界大战后，日本的工业急速发展，增加了许多工作机会，他们便前往日本谋取工作。1921 年到 1931 年的十年间，大约有 40 万朝鲜人移居日本。即便在 1923 年发生关东大地震之后，日本人大量残杀朝鲜人，仍没有阻止这股移工潮[4]，因为这种大举移居正是朝鲜人所深切需要的。他们用外国腔调讲简单的日语，只为赚取低廉的工资；换句话说，当这类朝鲜劳工出现在日本时，更加深了日本人原本就轻蔑朝鲜人的态度。

无论是十五年战争之前或之后，在日本人所做的调查中显示出，日本人始终把朝鲜人置于全世界民族中的最低位置。在日本文学中，明治时代以后的小说中纷纷出现非日本人的人物。在这些小说中，朝鲜人极少扮演重要的角色。所谓明治维

126

新以后的日本近代文学，还包括大正民主思潮时代，至昭和时期十五年战争结束为止。

1945 年日本投降后，在战后文学中，出现了许多以朝鲜人为出场人物的重要小说。撰写这类作品的不乏日本著名的小说家，比如松本清张、司马辽太郎、开高健、井上靖、大江健三郎、小田实、小松左京和井上光晴等。从明治以后到战争结束，日本文学家对世界各民族抱持的价值意识，经过战争后可说是分崩离析。

在日本的小说史中最能表现这种价值意识转变的作品，为田中英光（1913—1949）在 1948 年发表的《醉鬼船》，这部作品是根据作者在战争时期的亲身体验所写成。当我们把目光投向这部小说的历史背景时，正如前述，日本人无法停止始于 1931 年没有宣战的战争。于是，投入战争所需的劳工愈感匮乏。此时，政府即考虑以朝鲜人来弥补劳力的不足。1939 年，日本政府内务次官与厚生次官联名发表将朝鲜劳工移居日本的计划。根据这项计划，预计把 8.5 万名劳工移到日本。这项计划是在 1939 年 7 月拟定的，同年 9 月起，即开始强制朝鲜劳工集体迁移到日本。

1941 年 12 月 8 日，公开宣战的战争爆发后，日本政府便拟定比 1939 年构想更大的强制移居朝鲜人的计划，这是因为日本战败需要引进更多的朝鲜劳工。朴庆植的《强制征召朝鲜人的记录》（1965），是一本在战后调查并记录如何召集朝鲜劳工，及其往后境遇最可靠的书。之后，朴庆植又完成《在日朝鲜人运动史》（1979）一书。这本书指出，战争期间，被日本强行带走的朝鲜劳工多达 150 万人。日本政府把其中 60 万人派至矿坑，40 万人分至军需工厂，30 万人派至土木建筑业，15 万人分到矿山，5 万人派往码头当搬运工。除了这些从朝鲜被强制迁往日本本土的朝鲜人之外，又有 37 万朝鲜人被日军用做军中职工和士兵。另外，还有数万名朝鲜女性被迫担任军队的"慰安妇"。[5]

　　朝鲜劳工总是被迫从事最艰难的工作，他们的工作时间长达十二至二十四小时，工资却只有从事同种工作的日本劳工的一半。他们当然会计划逃亡。为了把他们留置在分配的工作场所，警方会协助企业进行监督。根据朴庆植的推断，1940 年至 1945 年之间，在日朝鲜劳工遭遇的事故就有 30 万件，其中死亡者高达 6 万人。

　　在言论界方面，也如同产业领域般并行推展着，政府从 1942 年起召开三次"大东亚文学者会议"。[6] 第一次会议中，正式使用的语言是日语，而且仅限于使用日语，亦不翻译成日语以外的语言。对朝鲜人来说，这并不意外，因为日本吞并朝鲜以来，朝鲜人已经被剥夺使用母语。在朝鲜的学校里，日语成为正式的教材。1939 年，也就是"九一八事变"八年后，对美、英宣战的前两年，日本政府下令规定，要所有的朝鲜人改用日本姓名，这项法律在 1940 年 2 月实施。著名的朝鲜作家们都用他们新的日本姓名发表作品，这些著作都是依据被日本强迫"转向"的思想，用日语写成的。

　　田中英光是以日本划船选手的身份，参加 1932 年洛杉矶奥林匹克运动会之后，才广为人知的。当时，他是早稻田大学

129

政经学院的学生。他在学生时代与其兄长同为共产主义运动的
支持者而从事活动，但随着十五年战争的进行逐渐退出共产党
的活动。《奥林匹斯之果》是描写1932年奥林匹克运动会的纪
实小说，田中英光就是以这本书作为新进作家成名的。由于他
是"横滨橡胶"公司的员工且住在朝鲜，因此日本政府起用他
担任"大东亚文学者会议"组织朝鲜作家的工作。小说《醉鬼船》　130
是他描写"大东亚文学者会议"的第一部文学作品。[7] 小说这
样描写：主角的口袋塞满厚厚的钞票，和他的老同学在朝鲜的
首都四处闲逛。他曾经跟这个老朋友一起从事左翼的地下运动。
后来，他们虽然一同"转向"，但为了证明自己还有反抗权力
的勇气，居然借醉打赌，走进派出所，在基层警员的坐垫上小便。
想起这件陈年往事时，主角挑衅朋友说："像你这么没种的人，
一定不敢在这广场的正中央大便吧！"这时，老友竟借着醉意，
爬上京城里行人最多的广场正中央的喷水台，蹲在台边，脱下
裤子拉出大便后，还半举屁股一边用力拍打一边大声喊着："喂，
日本人就在这里！日本国王，你来吃我的屁股啊！"可是，那
些仗势酒醉获得的勇气乍然消失了。现在，他只是一个屈从权
力而"转向"的可怜的懦夫。主角年轻时拥有的炽烈理想主义
已然消失，眼下只不过是日本帝国主义在殖民地雇用的中年男
子，闲暇之余到朝鲜的娼馆消磨时间，现在则是因为遵从日本
政府的嘱托组织朝鲜作家，才得到这笔巨款。　　　　　　　131

　　在他们少年时读过的教科书，有则故事说，从前有个勇敢
的日本士兵和朝鲜人交战被俘，但他始终不肯向朝鲜人泄露日
本军事行动的秘密，反而大声喊道："朝鲜王（其实是新罗王），

来咬我的屁股吧！"因而被处死。现在，这部小说不但用全新的逻辑，还充分运用了日本文学关心粪尿的传统。换句话说，日本知识分子坦露的屁股和拉下的粪便，正是这位作家有意借此表现日本人与朝鲜人关系的重要象征。在此之前，日本人不管是左翼或右翼都相信文明阶梯的想法，但在触及朝鲜和日本的关系时已经完全将之抛置一旁，过去看待朝鲜与日本的架构在此已经瓦解。而所谓日本人的新架构，是通过看待朝鲜人，以及与朝鲜人的关系中来建立的，意即他们如何为各自背负的重担而苦恼，并借由这个重担来审视彼此。日本人就是通过这个全新的架构，才习得对远比日本人背负着更沉重负担的朝鲜人表示敬意的。过去那种划分先进国家和落后国家的差别在此被弃之不用了。这正是十五年战争带给某些日本作家的影响。

就田中英光来说，由于自己从未回避曾经"转向"的羞耻经历，才得以理解同为被迫"转向"的朝鲜作家的苦闷。此时，"转向"成为结合这两个民族作家的契机之一。 132

正如前述，日韩合并时，在日本只有少数人对此提出批判，诗人石川啄木就是其中之一，他是一名激进的社会思想家。而在保守的文学家之中，柳宗悦（1889—1961）是少数明显关心韩国问题的人。[8]柳宗悦起先受到来自英国的年轻陶艺家伯纳德·利奇的影响，开始迷上朝鲜李朝时代（1392—1910）的陶瓷器。朝鲜的陶瓷是三百年前左右丰臣秀吉侵略朝鲜时，由他的部将带回日本的，后来在茶道上获得很高的评价。柳宗悦注意到，其实日本茶道中著名的器皿，在朝鲜原本是日常杂器，都是由无名的陶工制作的。于是，他回过头来看日本，对自己提出一个疑问：日本传统中是否也有同样优秀的工艺？这股探究的风潮，旋即被称为"民艺运动"，后来更促成日本工艺复兴的动力。

在前述的脉络中，重点是柳宗悦因为热爱朝鲜的工艺，于是对日本政府采取破坏朝鲜民族文化的政策，明显表示抗议。对于日本政府在1919年毫不留情地镇压朝鲜独立运动的示威游行，柳宗悦也写过几篇随笔加以抗议。同时为了表示某些日本人对日本政策的愧憾之情，他甚至对外募款，呼吁将散落日本各地的朝鲜艺术作品带回朝鲜，试图在1924年以"朝鲜民族美术馆"的名义公开展览。

他谨慎地把自己的批评限于工艺和美术的领域，没有直接对政治本身提出批判。然而，日本吞并朝鲜后，尽管已经过了一二十年，他并没有屈服于这个既成事实，仍不改把日本与朝鲜写成"两个国家"的作风。在他所身处的集体转向时代里，这种一贯的态度是极为罕见的。根据历史学家内藤湖南的看法，正当政府代表与国家主义者高唱日本政府指定为国宝的许多文物，代表日本文化的优越性时，柳宗悦却勇敢地拂逆这股风潮；内藤湖南还指出，若虚心观察可以发现，其实，日本指定的那些国宝文物，都是移居日本的朝鲜手艺人留下的作品。

兴起于20世纪30年代的极端国家主义风潮倡言：纯粹无瑕的日本民族自古就存在，其祖先乃是从天上降下的，此纯种民族创造出的优异艺术作品，已代代留传至今。综观柳宗悦的批评活动，他总是对日本文化这种极端的国家主义风潮，表现出鲜明的抗议。

1945年8月15日，日本投降的时候，日本本土有200万朝

133

134

鲜人。跟随占领军来到日本的爱德华·瓦格纳（Edward Wagner），
后来写了一本书，题为《日本的朝鲜少数民族：1904—1950》
（1951）。他在书中指出，当时的占领军并未收到针对居住在日
本的朝鲜人的详细指令。[9] 因为华盛顿的美国政府只专注在如
何处置日本本土的日本人，对居住在日本的朝鲜人反而疏于研
究。由于没有详细的指示，占领军便协助居住在日本的朝鲜人
返回朝鲜。进行这项工作时，占领军虽然要求日本官员注意民
主主义与反对歧视的原则，但这只是就整体原则而言，所有的
细节全交由日本官员处理。因此，反而造成日本官员用投降前
的相同方式来对待朝鲜人。

　　当时，朝鲜人大都希望回到他们出生的国家。然而，在这　135
时候，他们的祖国却分成南北两边，并被不同政治思想的外国
势力所支配。祖国分裂的情势成了许多在日朝鲜人不积极返国
的理由之一。另一种理由是，他们若要重返祖国，就必须几乎
空手而回。更详细地说，他们获准带回去的金额，只限 1,000
日元。也就是说，他们必须把这些年在日本艰困环境下工作赚
取的所有财产留在日本，才能返回故乡。

　　到 1946 年 12 月 1 日之前，日本政府遣送朝鲜人回国的计
划已经结束。经过若干年后，虽然又遣返一批朝鲜人回去，但
当时大致已经停止。现今，大约还有 60 万朝鲜人留在日本。
其中大多数属于在日朝鲜人的第二代或第三代。他们在日本出
生、长大，在日语的环境中接受教育。根据各种调查显示，日
本人现在仍对在日朝鲜人抱持偏见，日本企业雇用他们的机会
也受到这种歧视待遇的制约，与日本人通婚的机会也受到同样

偏见的阻碍。生活在这种环境下的在日朝鲜人，一方面理解具
有日本人身份所过的生活，同时也基于这个理解，培养出批判　　136
日本的观点。但正因为这种观点，尽管在日朝鲜人的人数比起
在日日本人要少得多，他们对日本文学的贡献却很大。更严谨
地说，这贡献对于日语书写的文学而言，不但提高了日本文学
的品质，还展示出议题的深度。

　　金时钟出版过两本长篇叙事诗[10]，其中一本以《新潟》
为题，这是取自在日朝鲜人告别留在日本的亲友们，返回祖国
时的港口名称。另一本以《猪饲野诗集》为题，描写群居在大
阪市里的在日朝鲜人，虽然住在日本，但仍坚守自己的民族习
惯生活着。若说明治维新以来至今一百一十年间用日语书写的
诗歌，只有这两本长诗，并非言过其实。例如，在更早以前有
白桦派诗人千家元麿所写的长诗《从前的家》，虽然是优秀的
作品，但未能完成。至于日语长诗的写作为何是由在日朝鲜诗
人完成的，在我看来，这是因为住在日本的日本人，往往把兴
趣投注到当地社会生活的细微部分，而在日朝鲜人却在日本社
会中备受排挤和压迫，反而能培养出审视日本整体社会的观点。
换句话说，他们若不去思考被带到日本以后的历史，就不知道　　137
自己为什么会待在这里；他们若不追溯从前的历史，也就无法
了解为什么受到日本人的歧视。由此看来，他们已经学会通过
历史的视野观察现在的日常生活。另一个理由，也可能是在日
朝鲜人所写的日语诗作中，早已受到朝鲜故事诗的影响。日本
人原本就没有这种故事诗的传统。明治时代的优秀文学家中，
勘助（1885—1965）曾经努力想创作长诗，最后却得出日语不

可能写出长诗的结论，后来转而朝向写作童话式的故事。正如前述，比他年轻一辈的千家元麿的长诗《从前的家》，就是受到俄国普希金的《叶甫盖尼·奥涅金》（*Eugene Onegin*）的影响写成的。《从前的家》这首诗把他明治初年的故乡风景点描如画，而且趣意盎然，可惜未能完成。

金达寿在1958年完成中篇小说《朴达的审判》[11]，小说的主角是韩国的劳工，战败后不久 *，他因到处张贴批评当时专制政府的海报而被捕。每次被捕，他便当场后悔哭喊，保证以后不会再犯，而获得释放。后来，又做相同的行径，被逮捕，138又同样哭着忏悔，再获得释放，就这样接连上演同样的举措。警察每次逮捕他时，都投以轻蔑的眼光。之所以持续重犯故错，是为了招惹轻蔑他生活态度的警察。在日朝鲜人金达寿写这部小说的用意，在于批判日本知识分子在"转向"看法上的硬直姿态和僵化形式。在金达寿看来，日本知识分子僵化的转向观，是明治以前武士阶级文化的不幸遗产。明治以后的文化，由于以前武士阶级的德目扩展到整个日本国民，夺走了日本人民原有的弹性活力。金达寿八岁时移居日本，从小学时开始，就以捡破烂等工作养活家人，由他做出批判应有其说服力。

高史明是另一位朝鲜小说家，他出生于日本，父母是来自朝鲜的移居者。他所写的自传式长篇随笔《生存的意义》在1975年出版。[12] 在这本书里提到，要上日本的小学时，高史明用已是小学生的哥哥帮他所取的日本名字开始上学，他经由

---

* 指朝鲜战争（1950—1953）。——编注

读写的教化而变成日本人，渐渐地将日本政府的立场与自己合 139
为一体来思考事情。因此，日本政府在1945年投降时，他也
茫然若失了。从这时候起，父亲究竟如何生存下来的意象，才
逐渐在他心中以新的意义浮现出来。高史明的父亲是码头工人，
和同样来自朝鲜的码头工人一起工作。所以对他来说，学会日
语在工作上是没有必要的。而在家里，他也只说朝鲜话，吃
自己烹煮的朝鲜菜度三餐。因为妻子早逝，为了养育年幼的儿
子，他必须负担所有的家务。儿子们上小学时，因为口中常有
大蒜的臭味而觉得难为情，所以向父亲诉苦，要求不要用大蒜
做菜，父亲因而生气地说："朝鲜人吃朝鲜食物有什么不对？"
不过，父亲并没有发觉儿子自行决定采用日本名字。他对于日
本政府制定的法律——朝鲜人必须放弃朝鲜人的姓名而改成日
本姓名——几乎一无所知。他只懂得在职场跟在日朝鲜人的劳
工同伴一起生活，在家里与年幼的儿子一起生活，一成不变地 140
守着朝鲜人的生活方式。他总是叫自己的次子，也就是这本书
的作者"裘睦尚、裘睦尚"。这是儿子出生时，他为儿子取的
名字，他一辈子都叫儿子这个名字。而在战争结束后的混乱中，
高史明才逐渐明白其中的意义——父亲是在何等艰困中生存下
来的？在不停叫自己的儿子"裘睦尚"之中到底包含什么意义？
"裘睦尚"只是一句简单的词汇，但这个词汇中，却有日本政
府通过军国主义的十五年战争，也无法打破的某种态度和观念。
高史明的《生存的意义》是"非转向"的一个实例，这种"非
转向"根植于在日朝鲜劳工在日本社会中的生活处境，以及他
们所属的阶级和民族意识。

八 以"非斯大林化"为目标

1979 年 11 月 1 日

对向来把文明阶梯视为一个实体的日本人而言，1917 年
11 月俄国的布尔什维克革命，为他们的想象力带来很大的刺
激。这个刺激，通过东大新人会的组织，扩及日本全国的知识
分子，和以准知识分子自居的年轻族群。创立于 1919 年的国
际共产党，在 1920 年之后，开始与日本的左翼运动进行接触。
日本共产党成立于 1922 年，在创党党员当中，包括了前一时
代各种倾向的社会主义者，比如在日俄战争中高唱反战者，或
是侥幸逃过"大逆事件"牵连的幸存者。然而，他们力主折中
式的社会主义，以及源自个人体验的思考方式，遭到了年轻大
学生们的轻视。因为这些大学生直接承袭西方文明中最进步国
家的思想，而这些国家正迈向社会主义。许多日本新世代的社
会主义理论家，都跟随苏联的做法，从一般理论出发对现状做
出结论。他们向当时的日本提出一种见解：苏联是个必然依据
理论逻辑发展的国家，且是全世界工人阶级的唯一祖国和代表

完美社会的国家。即使在其后发生审判革命运动的事件中，初期的几名领导者，如托洛茨基、布哈林、加米涅夫、拉狄克和季诺维耶夫等，这些社会主义理论家不仅轻率地做出苏联政府的处置是正确的结论，而且对这审判没有任何质疑，更没有在日本形成讨论。

　　日本共产党创立之初，其领导者山川均（1880—1958），是经历过"大逆事件"，并勠力从事社会主义运动的幸存者之一。他提出忠告：日本的左翼知识分子必须对劳工阶级每天为挣取生存粮食所付出的努力，表示更大的同情，而且必须和他们结合起来。不过这个观点，却遭到刚返抵国门不久的福本和夫（1894—1983）反驳，他是代表新时代留学德国，并用原文学习共产主义理论的年轻教授。福本和夫在解释列宁主义时指出，精英知识阶层首先要从群众中抽离出来，再以激进知识分子的身份彻底武装理论，才是左翼群众运动与知识分子进行大团结之前的必要条件。福本提出"先离后合"的组织论，在当时信奉社会主义的知识分子之间获得胜利，而成为日本共产党 145 创立初期深具指导性的理论家。但是后来，共产国际常驻莫斯科的领导者们将包括福本在内当时的一些领导者召到莫斯科，除了否定福本的理论，并送交"1927年纲领"（27年テーゼ），指示日本共产党以此作为行动方针。"1927年纲领"指出，当前的日本仍处于绝对主义的半封建天皇制之下，农村地区还残存着半封建的地主与佃农的关系。在这种情况下，日本直接走向社会主义革命的机会尚未成熟。而首先必须推动的是，以工人和农民为主的布尔乔亚民主主义的革命，借由这个革命，来

实现天皇制的废除和封建地主制的解体。这个观点，在“1932
年纲领”（32 年テーゼ）中更加明确。这些在莫斯科起草的方针，
因而成为日本共产党行动战略的基础。但依循这种不妥协的主
张，以彻底废除天皇制为目的而展开的忠实斗争，却招致日本
共产党至 1935 年为止，短促而几近毁灭的结果。当时，日本
革命的方针吸引许多热情的日本青年，尽管面对警察的胁迫，
他们仍旧毫无私心地全力以赴，其中更不乏为坚持理想不惜牺
牲性命的年轻一代。

　　1931 年日本开始侵略中国，两年后，发生了日本共产党
支持者集体转向的事件。有党员要求，要守护日本共产党这面
旗帜，需要无比的勇气和长期的坚持抗争。因此有十几人宁愿
忍受漫长的牢狱生涯，有几个人死在狱中，也有残存到战争结
束的。这些党员，无视于日本政府十五年来所做的军国主义宣
传，仍旧忠诚地信奉着苏联共产国际起草的“纲领是科学”的
真理，更遑论对共产国际总部指示的方针做出质疑或批判了。
当时，脱离日本共产党的成员在“转向”的时候，至少已经认
识到，共产国际所做的方针，对在日活动的了解不够充分。而
这种“认识”，在他们转向时起了很大的作用。

　　担任过日本共产党委员长的佐野学（1892—1953）在转向
声明中批判日本共产党对共产国际的盲从，并呼吁日本应该在
天皇之下，建立以社会主义为目标的一国新政党。当时，他对
日本共产党应从共产国际的指令中解放所做的批判，极具说服
力。在意大利和法国，脱离苏联的指示，基于独立判断的社会
主义理论非常盛行，其对兴起的法西斯主义和军国主义所做的

146

批判，正是依据这个理论展开的。相反，仅从理论架构来看，147
佐野学在日本提倡的一国社会主义，有点类似斯大林所提倡的。
但现今回顾起来，他显然是在呼吁日共，在摆脱共产国际的同
时，要停止对天皇政府的批判。相对于克服摆脱苏联政府的判
断，持续进行独立批判的课题而言，佐野学及其后的党派，在
1933年的转向声明之后，已经无力回应日本当时逐渐抬头的
军国主义了。

　　以下试举埴谷雄高（1910—1997）为例。他在佐野学等人
入狱之后，由于党内没有年长的党员，因此年仅二十岁便被送
上日本共产党领导者的宝座。然而，他的转向又与佐野等展现
出不同的轨迹。埴谷是1933年继佐野学之后，在狱中转向的
共产党员。虽然检察官在他面前撰写审讯的笔录，但他却看见
自己的所思所言与眼前的原资料截然不同了。同时，他发现自
己正掉进由检察官制作的代表日本政府的正式记录，和由狱外
的领导者们制作的日共正式记录的裂缝中。他自觉到自己已被
逐出正式的历史记述，也惊觉除了他之外，肯定有更多不幸的
人，同样在不为人知的状况下死去。他自问：难道我不能用这148
份自觉来写作吗？对他而言，这种自觉成了一种希望，他就是
倚靠这丝希望在漫长的战争岁月中存活下来的。在这期间，他
当过财经相关的小型杂志的编辑，有时候也靠翻译各种书籍和
报道来维持生计。

　　尽管埴谷雄高作为一个受到战争影响、默默无闻的日本人
过着世俗生活，但他把自己分成两种角色，过着双重的生活：
也就是他让一个自己停留在转向的时间点上，努力盯住他所看

到的事物；另外一个自己则是作为一名平凡的劳动者。日本投降之后，埴谷和战争时他颇为信任的六个朋友，于1945年年底创办了一份同人杂志——《近代文学》。这本杂志，对战后日本人思维方式的形成，影响甚巨。[1]

　　战争期间，埴谷除了翻译之外，仅发表过两部作品。一篇是发表于1939年的幻想小说《洞窟》，另一篇则是以《Credo Quia Absurdum——因为不合理，所以我相信》为题的格言集。[2]这些令人费解的作品，早就隐含在他定为毕生之作的长篇小说——《死灵》的主题中。1946年起，《死灵》以连载的形式发表，尚未完成时，作者自己却说："我想大概不会完成吧。"这部小说，既不是描写历史上的特定人物，也不是刻绘地球上的特定场所。小说是埴谷在狱中构想的创意，但这纯粹是幻想之作，而不是以一种合理的社会哲学与社会思想体系，或者对现代史中某一事实的记述，努力地提出作者的看法。尽管这部小说表面上是采取空想之作的形式，但同时也是从一个狱中之人的立场，对日本共产党及斯大林统治下的俄国，采取毫不妥协的批判！

　　从表现的形式来看，《死灵》是否可称为小说仍有争议，就算把它视为小说，也无关乎历史上的任何事实或人物。然而这部小说，却有1934年日本共产党私刑事件*的烙印。[3]这起凌虐事件起因于：现任的日共委员长，怀疑当时共产党中央委

---

* 日本共产党私刑事件（日本共産党リンチ事件）又被称为"日本共产党内奸查问事件"（日本共産党スパイ査問事件）。被怀疑充当特别高等警察间谍的小畑达夫和大泉兼藏，遭到盘问者暴力殴打。小畑因外伤性休克死亡，并被埋尸监禁场所的床下。——编注

员会的两名成员涉嫌充当间谍，埴谷也从党的立场，以同为中央委员会成员的身份出席，对两人进行盘问。其中一名间谍涉嫌者，因为神经性休克在审问中猝死。另外一名间谍在战后做证指出，当时他是被日本的特务警察送进日本共产党内当卧底；而此人趁另一同伴之死引起混乱时，逃离了审讯的监禁场所。当时的报纸和警方通力合作，借着这次事件，大肆渲染共产主义的残虐。约莫两年前（1977年），民主社会党议员在日本国会提案说，日本共产党委员长曾参与1934年的私刑事件，应追究其责任，解除其国会议员的资格。现今的日本仍以这样的态度关注当时的私刑事件，但埴谷的见解与此不同，他是从罹难者的立场来看这事件。在他看来，罹难者是在密室中受到同伴的讯问，因而猝死的。此外，埴谷也从被党分配作为党中央委员会成员情妇的女性的立场，来看待这个事件，而这个党中央委员竟然是警方的密探！这名女性在遗书中说，她以身为密探的情妇深感羞耻，随后就自杀了。埴谷把小说的重心放在可以听见这些牺牲者声音的暗盒中。这样一来，当时在私刑现场，现在已成死者的主角，即可通过虚拟的电话装置，和当时被逼上死路的叛徒之魂进行对话，并顺便（用"顺便"一词有点唐突）与位于宇宙进程终点的终极物质交谈。从这极点来看，党的政治斗争可视为唯一过渡时期的总和。在这个极点上，一切都已死亡，共产党死了，往昔标榜行事正确的共产党领导者也死了。若从这个观点来看，政治活动的真谛，包括共产党的政治活动在内，可以化约为如下简单的呼声：

150

151

他是敌人！

打倒敌人！

倘若有人抱持这种想法致力于实现共产主义社会的话，他一定会为共产党挺身而出，对共产党行将到来的灭亡谨记在心。如果他是共产党的领导者，大概会为行将到来、势必来临的领导终结和作为领导者之死而努力吧。也只有抱持这种展望，他才能在共产党的活动中充分应用约翰·阿克顿（John Acton，1834—1902）的名言："一切的权力都会腐化，绝对的权力造成绝对的腐化！"可惜在战争期间，只有少数人有此清醒的见解。在左翼运动的领导者中，有许多仿效佐野学转向的知识分子，在脱离往昔信奉的斯大林主义之后，转为推崇对中国、美国和英国推动圣战的当今天皇*。反观直到日本战败后仍坚守非转向立场的共产党员们，旋即受到日本整个社会的瞩目，极大程度地影响着学生和积极投入左翼运动的年轻人。这个影响力不但深化到他们领导下的年轻族群，使其继承十五年战争前，非转向共产党员即坚守不渝的想法，更把当时斯大林指导下共产国际的正确性信念，深植在年轻跟随者的脑海中。直到1953年斯大林去世，接班人赫鲁晓夫在公开演说中透露，斯大林生前曾肃清过政治上的异己，埴谷雄高未被重视的观点，这才开始得到理解。换句话说，许多对战后旧左翼干部的领导感到幻灭的年轻一代，以及众多即使深感幻灭仍不愿离开左翼

152

---

* 即昭和天皇。

阵营的日本青年们，开始感同身受地接受埴谷的见解了。

　　1960 年，岸信介出任日本的内阁总理。岸信介是战争期间东条英机内阁的阁员之一，同时也是拟定先前提及的强迫朝鲜劳工移住日本，和强制劳动计划的高官之一。这一年日本不再是对美宣战，而是与美国重新签署具有决定性意义的军事协定。当时，大批脱离日本共产党的非共产党系左翼学生们，对 153 这项军事协定进行了大规模的抗争。这个时候，埴谷雄高的著作不仅比战争期间更受到青睐，甚至比批判斯大林时期吸引更多读者。埴谷雄高和吉本隆明因而同被评为 20 世纪 60 年代以后，在日本极具影响力的新左翼先驱者。他们的见解不仅受到马克思主义，也深受佛教和耆那教 * 的影响，因此可以将它视为一种虚无主义的思想。

　　众所周知，"无的哲学"是由西田几多郎（1870—1945）在日本所建构的。根据三木清（1897—1945）所说，西田几多郎是日本最早建立自己的哲学体系，并跻身近代哲学史上的哲学家。但是在政治思想中，他代表着以"无的立场"美化天皇，而且进入战争时期之后，他更投身至崇拜天皇的洪流中。后来，甚至草拟日本充满大东亚共荣圈思想而发动战争的相关文件。与此鲜明对照的是，即使在战争时期，埴谷雄高的虚无主义思想既未被崇拜天皇的潮流淹没，也没有在极端崇拜斯大林的思想中灭顶，可说是达到了彻底的虚无吧。这样一来，埴谷雄高对战后的日本左翼，其盲目崇拜、贯彻非转向的少数日共领导

---

* 印度的一种古老宗教，约起源于公元前 5 世纪，反杀生，尚禁欲。

者的作为，自然无法予以苟同。在战后的日本，埴谷雄高将自己安置在共产党的周边，并采取与旧左翼共同奋战的立场，但是他绝没忘记自己担任党的领导者时，因判断错误造成许多牺牲者的往事。他不断地与共产党的领导阶层保持距离，继续站在被区分为一般党员的、为此付出劳动的群众的立场。他坚信领导者不久终将消亡，更坚信因为这个因素，党的领导者必须经常轮替。因此在 20 世纪 60 年代至 70 年代，他的见解旋风般吸引着激进派的年轻学子们。

154

第二次世界大战以前，在左翼的团体中，即存在着对共产国际正确性的质疑。这种人在劳农派*系统的学者和运动组织者中不在少数。山川均就曾对当时日渐高涨的军国主义，提出一贯的批判态度。他与主张通过新一代领导者的分合，借此净化和纯化激进派运动的理论相悖，而很早就脱离了共产党。但是他仍坚守批判权力的立场，而在许多共产党系统的领导者被关进牢狱，或转向成为极端的军国主义者之后，他仍主张不分党派或学派，试图组织反军国主义的人民战线。因此到了1937 年，他和许多劳农派系及运动组织者，在中日战争方兴未艾之际，通通被送进了监狱。

155

山川均在其生涯中，曾数度进出监狱。获释期间，他做生意维持生计，开过药局、照相馆，计划开设印刷厂（但并未实现）。此外，他还做过酪农、代书（帮老顾客写信）、广告代理

---

* 日本昭和初期在资本主义论争中与讲座派相对立的马克思理论集团。因 1929 年创刊的《劳农》为中心，故名。代表人物有山川均、大内兵卫和向坂逸郎等人。

商、园艺，也开设养鸡场出售鸡蛋。他的生活方式和做法不同于比他稍晚出身自东大新人会系统的大部分左翼领导者。民俗学者柳田国男（1875—1962）提议，在明治维新以后，所有的日本国民都能过着在过去只占日本极少部分的武士阶级的生活方式。左翼运动的领导者受到这种"武士化"主张的影响，但山川均依然坚持自己的信念，他终其一生都以经商为生。正如他在自传《山川均自传——一个平凡人的记录》（1951）所取的标题一样，他把自己视为一个平凡人，并以此自觉建立理想中的社会主义。山川均的儿子，后来当上东京大学的教授，为了帮助他的父亲，卖过山川家养鸡场的鸡蛋，父亲却时常责骂他还未掌握商人之道！[4]

156

大河内一男（1905—1984）的情况与山川均有点类似，但又有显著的差异。他承认战争时期的军国主义有助于提高政府的行政效率，也从效率不彰的观点加以批判。大河内这种批判的角色，对日本政府相当有用，因此直到战后他并未丧失在东京大学的地位。日本战败后，在经济高度增长的 20 世纪 60 年代，他当上了东大的校长。从这个意义上来说，他们两人虽然同为经济学者，他的经历却与山川均不同。

在战争时期，大河内是"生产力理论学派"最著名的理论家，其理论对日本政府深具影响力。有几个在"九一八事变"之前的马克思主义者加入了这个学派，他们从共产主义转向之后，在"生产力理论"中找到了安身立命之所。这个学派主张在已知的条件下，在能力所及的范围内重整合理的社会结构，并希望借此社会结构促进日本生产力的发展。此外，他们也在国家的各种活动领域中，尝试提出最具体的政策性建议。[5] 大河内说，这个概念是他在1931年撰写《从概念构成看社会政策的变迁》一文时所得到的灵感。当时，他年仅二十六岁，担任东京帝国大学经济学部的助教。约莫两年后，他发表论文《有关劳动保护立法的理论》，进一步发展了这个概念。在这两篇早期的论文中，大河内指出，在资本主义的国家，社会政策通常是依资本家的利益形成的。在资本主义最早的阶段，资本家为了压榨更多的劳动力，却招致劳动力降低的结果。资本家自觉到这个弊端之后，转而支持以保障劳动力为目的的法案。其后，资本家甚至开始部分地接受劳工为其权益发动的劳工运动。在这阶段，社会政策主要以促进社会保障和产业稳定为主。这样的社会政策在个别特定的情况下，会与资本的利益对立。然而，这些社会政策是整个资本主义经济自觉性的展现，因此必须通过资本主义国家的力量，排除个别企业的反对才能付诸实行。正是这种见解，大河内及其生产力理论学派的学者们，才得以在战争时期批判日本政府。大河内被战争时期的政府延揽到委员会工作，他和同属于生产力理论学派的学者们看到战争如何破坏社会的习惯，并使之合理化的情形。他们的分析和建言，虽然代表了大政翼赞会工作合理性的面向，但整体而言，这既是个推动侵略中国的组织，同时又是把日本推向与拥有庞大军事力量的英、美国家爆发宿命般冲突的主因。

在这不久前，大河内一男担任助教时的主任教授——东京帝国大学经济学部教授河合荣治郎，因为不肯放弃自由主义的立场，受到政府的压迫不得不离开教职之际，担任助教的大河内偕同几名同事提出辞呈，抗议政府对这次事件的处置，但后来几经慎重的考虑，又撤回辞呈。大河内这种前后不一的态度，被河合的弟子们斥为叛徒。尽管河合荣治郎的言论在战争时期遭到打压，但他始终勇敢地奋战到底，后来因为营养不良和甲状腺亢进症去世。大河内离开他的主任教授与恩师，守住东京帝国大学内的地位，可说是贯彻着一种特殊的生存方式，因为他以此反抗整个日本国民的武士化，而这正是绑住明治时代以后所有日本知识分子的生活方式！从这点来说，不能不说他与山川均颇为类似。他始终不超出理性主义，并且从中找到可以继续批判战时政策的路径。就这个意义而言，他的学风不同于与战时政府的军国主义正面冲突的恩师河合荣治郎。对大河内而言，这条路径就是伪装转向之路，它具有对抗战时日本政府的军国主义，又与之合作的双重功能。有时在这种伪装转向中，159起初只是虚与委蛇，后来却不知不觉地成为真实的转向。话说回来，有的虽说是要伪装，但伪装却变成目的，最后陷入除了伪装一无所有的状态。[6]

第二次世界大战结束时，有660万日本人滞留在海外各地。从原日本殖民地的朝鲜、台湾和非殖民地的南洋群岛与英、美、荷兰占领下的地区，以及中国等地回归祖国的日本人，直到1947年才结束。然而，留在苏联领地内的60万日本人却长期不得回来。这60万滞外未归的日本人，在战后日本人的精神上蒙上一层不安与焦虑。这种不安与焦虑，与战前日本政府长期深植的，而战后美国占领军政府未予消除的恐共心理结合在一起，在战后形成一种潮流。在此时期，也导致一名对苏联抱持苦闷情绪的哲学研究者的死亡。现今回顾起来，我们很难理解这个事件，不过，它忠实地反映出 1947 年至 20 世纪 50 年代间日本的社会心理。

当时有流言说，日本共产党书记长德田球一要求苏联政府，[160]若被留置在西伯利亚当俘虏的日本士兵不改信共产主义，就不要把他们遣送回国云云。1950 年 3 月，大英帝国代表罗伯特·霍奇森（Robert Hodgson）在远东委员会上提及此事说，如果这则流言属实的话，德田球一的行为无异于背叛他的祖国，而且罪行重大。因此，英国代表要求占领军最高指挥官麦克阿瑟对德田球一做出强硬处置。这些声浪促使日本的国会议员在议会里成立特别委员会，调查德田球一是否涉及此案。

据称，一名口译员曾在西伯利亚的集中营，对日本俘虏传达德田球一的声明。后来，他从回归者中被找出来，被带到国会的公听会上做证。这名口译员叫作菅季治，当时三十三岁，曾在东京教育大学和京都大学念过哲学。1950 年 3 月 18 日，菅季治在面对参议院特别委员会的质询时，这样回答：

> 有关德田〔球一〕的要求是否存在，我不能做任何评论。在这里，我只能表述当时我作为一名口译员，我只叙述当时的事实而已。
>
> 时间是 1949 年 9 月 15 日，地点在卡拉干达（Karaganda）[161]第九分所。（中略）有俘虏提问：我们什么时候可以回去？苏联政府宣称 11 月之前要释放日本人的声明，对我们是

否适用？在此之前，代理所长沙菲耶夫中尉对这些提问都会据实回答，但这回他却没有答复，只是对着坐在一旁的政治部军官扬了扬下巴，示意他做出回答。这时候，政治部军官叶尔马拉耶夫中尉站了起来，予以回答。（俄语省略）根据我平常的口译经验，我相信直译比较不会出错，所以我记得是这样翻译的：“各位什么时候可以回去，全凭你们自己。当各位在这里真诚地劳动，成为真正的民主主义者的时候，你们就可以回去。日本共产党书记长德田〔球一〕期望你们不是以反动分子的身份，而是以做过充分准备的民主主义者回国。”

以上是我根据当天的事实所做的陈述。

菅季治在众议院听证时，做了同样的陈述。但是他的回答，未被隶属于参、众两院特别委员会的多数议员们接受。因为若根据菅季治的回答，并不能构成共产党书记长德田球一的犯罪事实，证据也不够充分。他们逼问证人菅季治，问他是不是用“期望”一词来淡化德田球一所写的“要求”字眼？又进而逼问他，他是不是同情德田球一的共产党员？有关那场公听会，当时的报纸都做夸大的报道。这导致菅季治不时接到来自各地陌生的右翼分子的恐吓信函。4月6日，菅季治投身电车自杀身亡。当时，他的口袋里还装着柏拉图《申辩篇》这本小书。在他死后，从其众多的遗稿中，整理出版了《未被说出的真实》《人生的逻辑》《哲学的逻辑》。[7]

现在回顾起来，为什么仅凭一个从远离日俄双方中央政府的俘虏营选出的日籍口译员，就可以对日本共产党书记长是否曾向苏联总理斯大林提出"要求"一事，作为决定性的证据呢？现今看来，这显然是不可能的。菅季治只不过是居中通译一名苏联军官的话而已。而这个陆军士官在苏联政府体系中的地位也微乎其微。至于菅季治在第一次口译时，是否使用"期望"或"要求"的措辞，并非重要得足以作为揭开事实真相的证据。当时，菅季治并没有表明自己的政治思想立场来保护自己，却坚守与政治思想无关的陈述事实细节的立场。然而，他的证词没有得到国会特别委员会议员们的接纳。或许他太相信"真理可以超脱意识形态对立，真理终将被接受"这样的信念吧。

163

菅季治被逼上死路的事实，充分反映出 1950 年苏联政府留置 60 万日俘的做法，让日本全国面临的紧张状态。在遭到苏联留置的 60 万人之中，有几名作家对马克思主义产生共鸣。其中，高杉一郎（1908—2008）所写的《在极光的阴影下》，以及长谷川四郎（1909—1987）的《西伯利亚故事》和《鹤》，这些书在战后的日本被广为阅读，书中忠实地传达出战前日本左翼作家不能描写的苏联生活实态。[8]

在任何一个社会，"监狱"都是了解当时社会状况不可或缺的重要线索。政府所公布的数据往往夸大其词，但那些不为人知的社会实态，却是由描写监狱的生活显现出来的。高杉一郎既写出负责看管俘虏劳役的官员们的狡猾，也刻绘出与上述截然不同的、俄国人善待日本俘虏的亲切之情。让读者从中得知，其实在严酷的官僚制度之外，还存在着超越苏联体制的、

164

超越时代藩篱的俄国人民。久待重返祖国的梦想实现时，据说，高杉一郎对他的同伴们说，我们回到日本之后，一定会怀念起在这里大排长龙等着打饭的日子吧。因为他相信，这种不需任何命令依然守秩序排队的习惯，反映出日本仍缺乏平等精神。而在高杉一郎看来，这种平等精神已成为俄国社会生活的牢固基础，同时他也坚信，这是革命带给俄国的礼物。

　　在长谷川四郎的《西伯利亚故事》一书中，也出现过极为蛮横的苏联政府官员。此外，长谷川还保留了一幅旧陆军少校的精美肖像。他说，这个与苏联政府合作推动俘虏营民主化的日本军官，当着自己的部下以及众多日本俘虏面前，掏出天皇颁赠的勋章，扔在地上频频践踏，极力斥骂这是反动时代的遗物云云。不过，根据他的发现，后来，这名军官始终保有这枚勋章，并妥善地把它藏在行李箱的底层。在俘虏营制造出来的马列主义，毕竟是速成制品，因此在他们踏上日本后的短期内便消失无踪了。总之，日本共产党书记长德田球一所说的是"期望"或"要求"，直到最后都没有明确的结论。

　　石原吉郎（1915—1977）是战后日本最值得瞩目的诗人之一。他因为懂俄语而遭到逮捕，也是因为懂俄语的关系，被怀疑是间谍，进而被当成战犯留在西伯利亚。他被军事法庭判处无期徒刑。当时，那个官拜陆军上校的老审判长匆匆念完判决书之后，迅即从座位上站了起来，拿起身边的纸袋走出法庭。石原猜想，这个老人的太太大概吩咐他回家时在市场买点晚餐用的食材吧，以致他在宣读判决书时也心不在焉，思绪早就飞散了。

　　石原被判无期徒刑以及后来被放出俘虏营都是在毫无根据

下进行的。这是 20 世纪 50 年代斯大林死后发生的事。即便在当时，石原仍不清楚自己遭到判刑和获释的真正原因。他回到日本的时候，日本已从战败的打击中恢复，正处于前所未有的繁荣景象。日本人已经忘记战争的存在。石原的父母在他滞留西伯利亚期间已经去世。石原心想，他的兄弟和亲戚们应该会理解：他和 60 万同胞在这场鲁莽的战争中，都是无辜遭到株连的牺牲者，理应得到同胞的慰藉才对。可是情况刚好相反，一个亲戚长辈却对他说："你若是共产主义者，就不要进这个家门！"

在西伯利亚度过无依无靠的严酷岁月，以及看见日本人置身在极度繁荣中自我陶醉的情景，使石原突然成了一名诗人。当他听到久未闻见的日本人的对话，他也用日语和他们交谈。诗歌就是在这种经验中，从他的心中迸涌而出的。他除了写诗，还著有《对日常的强制》一书，书中对俘虏间彼此漠不关心但为求生存团结一致的共生经验，有鲜明的描写，此外，还对沦为俘虏的状态、对看守员的愤怒、对俘虏同伴的宽容，以及担忧伙伴和因为营养失调在严酷的劳动条件下死去的朋友，都有入木三分的刻画。根据日、俄双方政府的正确统计，被拘留在西伯利亚的 57.5 万名日籍俘虏中，有 5.5 万人是在拘留中死去的。这是苏联对日宣战到日本投降仅仅八天之间，所必须付出的代价。

高杉一郎、长谷川四郎、石原吉郎等所写的都属于记录性的散文，但和埴谷雄高的哲学式小说有相通之处。他们都是用透视的角度，亦即通过死者之灵的身边事物，来描写社会主义国家和官僚主义。

除了这些作家留下的作品之外，其他被拘留者也留下许多记录。几天前，我收到一本由青森县出身的公司职员伊藤登志夫撰写的《白色安加拉河——伊尔库兹克第一俘虏营纪实》（1979）。[9]他跟待过伊尔库兹克（Irkutsk）第一俘虏营的同伴说，回到日本后，希望筹组"安加拉会"，每年聚会一次。上述的"安加拉"（Angara），指的是流经伊尔库兹克第一俘虏营的河流。伊藤借由每年与来自全国各地同伴见面的机会，唤醒彼此的记忆，他的书就是对这些集体记忆的汇编。在此，伊藤和他的同伴——前日本俘虏们——做出结论：共产国家虽然没有如战前日本政府教育所说的那么恶劣，但的确不是舒适的居住之地。这个说法已简略道出与左翼运动无关的日本人居住在苏联的实况。他们甚至亲眼看到俄国女性啃咬高丽菜心的情景，高丽菜心既硬，不易下咽，又难吃。这个景象让他们认识到，在当时，不只是日本俘虏受到饥饿之苦，所有的俄国人也陷入营养失调和食物不足的困境。从这种状况来看，他们承认，俄国政府直到战争结束后，仍强制拘留60万外国士兵在自己的领地内压榨劳力的做法，尽管有失妥当，但却是聪明之举。根据伊藤推估，之所以造成5.5万名俘虏的死亡，主要是因为日本人无法适应西伯利亚的酷寒所致。对此，他们既不恨苏联的人民，也不恨苏联的政治体制，说来有点令人匪夷所思，但这似乎道出日本人向来就没有特定的意识形态，所以淡然以对。正因为日本人抱持这种情感，日本才没有强烈要求归还直到今天仍由苏联保管的千岛群岛的其中两座岛——择捉岛和国后岛，虽然俄

168

169

国人也承认这些岛屿自沙皇时代起即属于日本的领土。[10]

或许下述这种看法,反映出现代日本民众在政治上的智慧:日本既已被安置在美国的核伞保护下,就不要因为这个经济上意义不大的问题[*],刺激或激怒这个除了美国之外的另一个军力强大的邻国!

---

* 应指择捉和国后二岛的经济效益。

九　玉碎的思想

1979 年 11 月 8 日

　　最近，台湾小说家黄春明的作品集出版了日译本《莎哟娜¹⁷³拉·再见》。[1] 书中的同名短篇小说《莎哟娜拉·再见》非常有趣。故事描写了一名台湾的年轻公司职员，由于有七个重要的日本顾客来访，公司的老板指派这名职员带他们去泡温泉，景点就在台北的邻近县市。七名日本人想在温泉胜地找台湾女性狂欢一夜，而他所肩负的任务，就是把这些日本中年男子带去温泉胜地住上一晚，隔天再把他们带回台北。无独有偶，那温泉乡竟是主角的故乡！从孩提时代开始，他就与镇民们非常熟稔，而这些日本人偏偏要从他青梅竹马的女伴中选出陪宿的对象，让他颇为难堪。总之，他痛苦地度过了一夜。第二天早上，充当口译员的主角，又带着七名中年日本人前往台北。这趟火车¹⁷⁴的旅程需要几个小时。在半路上，一个台湾的大学生坐上火车。上车之后，这名大学生迅即发现，车厢内有日本乘客，而且看似来历不凡，便走了过来。他想跟那几个日本人交谈，请主角居中翻译。这名学生表明，自己即将毕业，毕业后打算去日本学习中国文学，希望主角把这席话翻译给那些日本人听。他大概认为，他即将赴日留学，这番表白应该会得到这几个日本人的好印象吧。然而，负责口译的主角却跟日本企业家说，这名台湾的大学生想问他们是否上过战场，故意来个移花接木的谬问。几个中年企业家闻言后，回答说上过战场。这时候那个大学生又提问些什么，主角把它译成："你们上过哪里的战场？"他们回答说是中国。接着，主角又假借大学生之口问道："你们当兵去中国干了什么？"只见这几个企业家变得面有难色，最后只好称赞台湾的大学生看起来都很用功，这么勤奋的学生在日本一定会受到欢迎的云云。但主角假传其意，反问大学生为什么要去日本研究中国文学。这么一问，却让大学生表情为 175 难。一答一问间，火车终于驶至大学生下车的车站。告别的时候，那几个日本企业家向大学生说了声"再见"，这是用中国话说的"莎哟娜拉"，因为他们去过中国，只学会"再见"这个词，所以用中国话道别。这篇小说原题为《再见》，译成日语则成了《莎哟娜拉·再见》。

正如这篇小说所揭示的，尽管并非所有日本人都有不堪回首的战争期间的记忆，但至少对现在四十岁以上的日本人而言，它的确是段苦涩的回忆。这些"人们"，其实也包括我，我们始终有一个强烈的渴望，亦即希望把这段记忆埋在心灵深处，因为我们不想直接与它面对面。关于这个现象，日本的不同世代都有自己的看法。比如说，有些成长于战后的年轻日本人，就会清楚地诘问他们的父执辈，他们在战争中到底做了什么？

做父母的面对这种质问，都不愿意回答，至少有很多为人父的 176
是如此。但读者若能了解他们是如何记忆战争期间的偶发事
件，如何将记忆藏在心中并置换成他物，如何解释，又如何表
述此记忆，便能掌握理解日本文化的一条线索。我们就从这个
着眼点，来追溯十五年战争期间，以重大事件为主的各种军事
行动。

　　1931年9月18日，几名被派至中国东北满洲的日本参谋
军官，拟订了一个计划：要在距奉天（沈阳）北方约7.5公里
处的柳条湖，炸毁当时隶属日本管理的南满铁路的某一段路轨。
他们并没有事先向派遣军司令官和参谋长报告这个计划。事实
上，炸毁铁路的是河本末守中尉及其部下的几名士兵。不过，
这个事件却被日军报道成中国人所为，把事件的责任扔给了中
国人，日本国内的报纸也不断借用军方的报道。日本旋即对这
次炸毁事件展开复仇作战。战争开始之后，日本未经宣战就把
这次事件命名为"满洲事变"（九一八事变）。

　　在这个秘密计划的背后，当时日本的派遣军，也就是关东 177
军的参谋军官石原莞尔中校曾参与其中。他提出一个战略理论：
日本必须在满洲建立军事要塞，并借此为之后日本与西欧各国
间可能爆发的世界最终战争做准备。后来，同样在关东军参谋
军官们的策划下，将废黜中国宣统皇帝溥仪一事也加入计划中，
并于1932年扶植其为"满洲国"的皇帝。虽然"满洲国"的
建立在国际上招来恶劣的批评，但日本为了守护它，退出了国
际联盟。这种先发动军事行动再合并某一领土，使其成为既定

事实以强迫承认的做法，还包括了扶植傀儡政权，和退出对此行为大加挞伐的国联在内。吊诡的是，此种做法后来却为意大利和德国的国策提供启发作用。若从同时代的世界史中加以考察，"满洲事变"（九一八事变）即是第二次世界大战的序曲，也是开启日本十五年战争的肇端。[2]

使用"十五年战争"这个称呼，主要有两个用意，亦即把日本经历漫长的战争时代划分为二：日本与中国的对战和日本与英、美、荷等国的战争。由于战争期间我还是个少年，因此，只知道这次战争被称为"满洲事变"（九一八事变）。过了几年，又爆发了战争，大家称之为"上海事变"（一·二八事变）。又经过数年，这回别人告诉我发生了另一场名为"支那事变"（七七事变）的战争。这些所谓片段的"事变"，就这样毫无关联地灌入我们年少的脑海中。这正是当时日本政府的意图！如今，我从大人的角度思考，却有了不同的看法：我认为这些"事变"都是与历史的事体有其联系的战争状态。接下来在1941年，我又得知日本和英、美的"大东亚战争"开战了。对日本人来说，我们在主观上被教导知悉历史上有过几次零星的争战事件，但却把它们当成不同的战争，而非视为历史事件。正如我在家永三郎于1968年出版的《太平洋战争》一书序言中指出的，我们应该把1931年至1945年的战争看成是一场连续性的战争，并且把这次战争视为日本败于中国的战争！[3]

森岛守人曾在奉天总领事馆担任外交官，有关战争是如何开始和进展的，他在回忆录中均有详述。[4]据说，森岛曾就当时日本中央政府外务大臣决定的方针，向关东军参谋军官板垣征四郎上校提议，必须和平地解决当前发生的战斗状态。不过，板垣上校予以反驳说，统帅权已对此问题做出决定，难道总领事馆有意无视统帅权吗？同席中较为年轻的参谋军官花谷正少校甚至拔刀威胁说，谁要是敢干涉统帅权，他绝不轻饶！板垣上校、花谷少校，以及上述提及的石原中校，都是密谋炸毁南满铁路然后嫁祸给中国人的密谋计划成员，他们事前不但没有向日本的陆军参谋总长报告，甚至背着当地的派遣军司令官和参谋长。

　　这项作战行动是由远离东京的陆军参谋总部，也就是由关东军内部少数几名参谋军官暗中拟订的。他们在计划实现之后，以此作为既定事实，强迫东京的陆军参谋总长予以承认，进而强迫当时的日军大元帅——天皇，接受这个已然展开的战局。他们将此次没有事前知会天皇和东京参谋总部的行动称为"统帅权"，而统帅权决定的行动，包括日本首相及文官在内的内阁阁员都必须接受，这是当时军人思考的逻辑。在1931年的日本政治中，这种观念获得胜利，最终把日本推上世界的舞台，步入与军力远胜于日本的各国展开对决的境地，而其背后的原动力，正是来自殖民地派遣军内部的一群年轻参谋军官。在最初阶段，这个集团还包括石原莞尔。他虽然行事专断，但颇有先见之明。1936年，石原加入遭到压制的年轻军官阵营，接着，又在1937年之后，明显转向有意停止攻打中国的阵营，因而被逐出陆军权力核心。在日本与英、美打得方兴未艾之际，石原被编入预备部队。战争就在摒除这位最初全盘策划者的情况下，由一群精于操控陆军职业军人集体欲望的成员，在东拼西凑的计划下持续进行。虽然明治宪法上保障的统帅权给予这些军人此种自由，但统帅权必须通过天皇和陆军参谋总长的指令才能实行，然而他们的秘密计划在初期阶段便未受到统帅权应有的控制。由于这种企划在初期阶段可以使工作进展快速，因此看似非常具有效率。然而，一到战争的后续阶段，整体计划必然会出现政治和军事缺乏统合的弊端，尤其当日军转攻为守时，这种破绽更是显而易见。日俄战争以前，日本的陆军就以普鲁士陆军为楷模，之后更是崇拜德国陆军的作为。纳粹德意志在欧洲兴起之后，日本陆军的领导者们便强烈希望日本能与德国结合。从军事上来看，这可以说是有某种根据的。

181

第二次世界大战的军事史家李德·哈特（Basil Henry Liddell-Hart, 1895—1970）曾指出，日本只有和德国结成军事同盟才有可能打赢这场战争。李德·哈特在《第二次世界大战》（1970）一书中提到，波兰和法国败给德国之后，唯有英国的军力足以对抗德国，因为这时候美国和苏联尚未加入战圈。倘若希特勒在这时候对英国展开决定性登陆作战的话，或者即使不采取登陆作战，决心另寻其他决定性攻击策略的话，照样可以征服英国。

如果希特勒倾其全力击垮英国，英国的没落几乎是可以确定了。换句话说，就算希特勒失去攻打英国的最好时机，他照样可以拟定确实有效的方法，借助空军和潜水艇的强大威势，稳住自己的脚步，逼使英国力感不支以至最终瓦解。

　　然而，希特勒认为，俄军始终守在德国东部的边境上 182
虎视眈眈，极可能有从陆路攻打德国的危险。他深刻觉得，
为了顾及海陆双方出击的策略，不能冒险集中所有的军力。
因此，他得出一种战略：为维护德国后方的安全，击溃俄国
是唯一的生路。他之所以对俄国的意图如此疑惧万分，乃
是因为长期对俄式共产主义的厌恶，已成为他内心的痼疾。

　　李德·哈特也指出，潜藏在希特勒深层心理的不安情感促
使他转而对付俄国，但此举对德国而言却是致命伤。李德·哈
特在此所述的希特勒心理因素仍有待商榷，但从军事史的事实
来看，希特勒把军力投入俄国边境的作战之后，才深刻了解到
此举导致了补给线过长的战略弊端。所以，日本能否取得胜利，
端看希特勒在法国投降之后，是否全力攻击英国这件事上了。

　　李德·哈特提到，日本参与这次战争，对希特勒并没有帮助，
因为日本加入战圈，反而把美国的力量拉入这场战争中。日本 183
海军刚好与陆军形成鲜明对比，是以英国为楷模而建立的。关
于与德国和意大利结成军事同盟一事，日本海军始终与陆军针
锋相对。1938 年，海军大臣米内光政在主要阁员的会议中清
楚指出，即便集结日本、德国和意大利三国的海军军力，也敌
不过英、美、法及苏联海军战备的总和；他又说，日本海军原
本就不是为与英、美两国作战而建立的，而德国海军和意大利
海军不足为惧。这种毫不客气的见解，乃基于他对现今世界局
势的具体掌握。

　　确切地说，日本海军在 1941 年向英、美两国宣战时，也

未丧失这种务实的态度。因为当时联合舰队的总司令山本五十六也已看出势态，亦即日本虽然在战争初期可以取得耀眼的成果，但此优势恐难持续。

然而，日本陆军依仗日本精神与国体绝对优秀的自我暗示，打败了日本海军基于务实态度的自我认识。最后，日本和德国、意大利缔结了军事同盟。

1941 年 9 月 6 日，召开指导战争的"御前会议"*决定对英、美宣战。在会议中，天皇问当时的陆军参谋总长杉山元上将："一旦与美国开战，陆军要耗费多少时间才能结束战局？"杉山回答："南太平洋的战事大概三个月内即可结束。"但天皇反驳说："日支事变爆发之际，时任陆军大臣的你表示，战争大概在一个月内即可结束，但迄今已过四年，为什么战事尚未结束？"杉山则回答："因为中国大陆幅员广大。"天皇又问："倘若中国是个大国，太平洋岂不是更大？你是基于什么理由判断战争可以在三个月内结束？"接着，天皇再问："领导高层是否把重点摆在外交上？"这时候，海军军令部总长永野修身大将帮杉山回答："正是如此。"然而，尽管外交自始至终就受到重视，但有关开战或和平的决定，这时候已定下日程，而且也决定积极准备军力，以供开战时刻之需。这些事实已大大倾向天皇担忧的方向，也就是开战。有关上述经纬，可参阅池重高编的《日本对战争的决断》，书中有详细记载。[5]

假定这时候和美国的谈判没有成功，宣战的日期就定于

184

185

* 意指在天皇前召开的最高会议。

10月上旬。到底是基于什么理由把日期定于10月上旬呢？因为日军每天都在进行激烈的军事训练，而且石油的存量消耗快速，光是一个小时，海军的耗油量就达400吨。因此，结论就是：若要发动战争，现在正是最好时机。

另一个重大的理由是美国方面的立场。美国政府明确表示，日本从中国撤退和与德国、意大利断绝结盟，是恢复美日关系的前提条件。石油存量和美国的要求，才是把日本赶向不可能战胜的赌注的两项因素。在天然资源和工业基础上，日本远逊于中国、美国和英国。日本可以凭恃的只有日本精神和对国体的信念，这是明治维新以来，历时七十年，由日本政府在国民中培育起来的。从军事的观点来看，1941年12月，德国已经跟俄国开战，日本开战伊始就胜利无望的评断自是恰当的。

1942年6月4日[*]，日本海军在中太平洋的中途岛海战中，尽管数量上优于美国海军，但仍吃下第一场败仗。山本五十六大将麾下有200艘军舰，尼米兹上将（Chester William Nimitz）则以76艘舰船迎战。战斗结束时，日本损失航空母舰4艘、巡洋舰1艘和飞机330架；美国则折损航空母舰1艘和飞机150架。山本五十六大将开战时承诺的惊人战果，在这一阶段便告幻灭；接着，要守住开战初期占得的若干前进基地，更是愈加困难。瓜达尔卡纳尔岛的防卫注定是要失败的。日军于1943年2月7日撤出瓜达尔卡纳尔岛，却使用"转进"这个字眼，模糊国民对日军撤守的认知。从那之后，作为前进基地的岛屿逐一沦陷，只有阿留申群岛中的基斯卡岛例外。日军

186

* 原书误植为6月5日。

在此的撤守作战成功地瞒过美军的攻击部队，美军经过三天的猛烈轰炸和登陆作战后，才发现日军已经完全撤走。日军方面并没有全力支援孤立的部队，也没有把被美军夺走的众多岛屿重新抢回来。因此，在这些岛屿上的日本士兵，分别陷入封闭的状态中；而正如陆军的战场训示，他们坚守"生不受虏囚之辱"的信念，因而走向玉碎*之路。1943 年 5 月 29 日，美军的登陆部队攻陷北太平洋阿留申群岛内的阿图岛时，2,500 名的守备队士兵中，只有 29 人被俘。在阿图岛之后，南太平洋的马金岛、达拉瓦岛和吉尔伯特群岛，加上中太平洋马利亚那群岛中的塞班岛，以及非常接近日本的硫磺岛等，纷纷展现出"玉碎"的风范。最后，距离日本本土最近的冲绳，也在 1945 年 6 月 23 日沦陷了。187

　　这些激昂的模范警示了住在日本本岛的日本人，美军登陆时自己应该做什么。因为当时的政府强调，凡是天皇陛下的忠良臣民应有为维护国体，不惜玉碎的决心。如此一来，即使所有日本人，包括天皇在内皆全数灭亡，形式仍会留存下来。维护国体此思想本身，即有这层哲学含义。根据支配日本长达十五年的陆军解释，敕语的哲学必然带来这种逻辑归结，但在当时的日本，只有极少数人敢质疑这种推理逻辑。至少在现实上，包括社会科学家和各宗派的宗教家都不敢出声批判此观念。1941 年决定走这条路线时，难道当时的领导者不应负起事先提醒日本国民，将被政府带向玉碎之路的政治责任吗？

---

* 指自杀。

海军军官由于操作机械的需要，无形中在职业上形成技术者的思维方式，也由于他们平时航海绕行世界的时候，有机会与世界各国的海军军官交流，因而保有一种从国际视野看待事件的习惯。因此，海军在拟订作战计划上较具合理性，有着"绝不拟订参与者生还概率为零的作战计划"这种不成文的规定，至少理论上如此。太平洋战争初期，即使是在珍珠港攻击美国船舰的双人座特别潜艇，也允许他们在鱼雷攻击结束后，返回出发的航空母舰。尽管海军并不热衷于近乎自杀式的战争，但最终仍被卷入崇拜"玉碎思想"的集体狂潮中。担任第一航空舰队司令长官的海军中将大西泷治郎，于1944年10月20日下令组织"神风特攻队"。事实上，这项自杀攻击的训练，在1944年初即已开始进行，使用的都是为此目的而设计建造的飞机。最后，构想终于实现。大西泷治郎中将对当初下达这项命令自觉责任重大，便于日本投降之后，以武士的方式切腹自尽。

参加神风特攻队的成员，都是从有意投入这项为特别目的而战的志愿者中选出来的。不过，战争发展到这个阶段，不管是加入海军还是陆军的青年们，几乎毫无例外地受到这股风潮的感染，纷纷志愿参与这项任务。日本的报纸在报道神风特攻队时，还刊登了他们出发前的英姿照片，并借由重印他们所写的信件、遗书和辞世诗句，赞扬他们是多么勇敢的青年。新闻影片中，也拍出这些青年出发时英气焕发的立姿。战争结束之后，比特攻成员更年轻的日本人，用新颖的角度描写神风特攻队。小田实（1932—2007）是属于较年轻一代的小说家，战争当时，大阪遭到空袭，他正置身于不知逃往何方的几万名灾民之中。少年时代的逃难经验告诉他，要从被赶出家门、前途茫然的群众立场看待这场战争。神风特攻队的队员大概也有与他少年时代经历过的类似经验吧。也只有以此方式思考，小田实才得以在自己的心中捕捉作为英雄的特攻队员，驾机驶离机场后的形象。对习惯以战争时期培养的传统观念看待战争的年长一代而言，想象特攻队员驾机起飞后的殉死心情，也未免太过残酷，所以后来就不予揣度了。1965 年，小田实写了一篇题为《思考死难的意义》*的随笔，从各种角度揣想特攻队员的心境，表现出战后一代的观点，试图把被塞进英雄传说中的神风特攻队员，从传说中拯救出来。这种思想给予当时推动社会运动的新世代极大帮助。他们不再像以前那样通过严密的组织，而是采取较松散的联结方式，亦即通过在都市遭到空袭时被迫逃出家门的群众，来抗议日本政府与当时正在进行越战的美国政府合作。190

渡边清（1925—1981）十七岁时，志愿加入海军当水兵，他服役的船舰"武藏"在当时是最大的军舰，但却被击沉。受创之际，他的一个同伴水兵抱住船桅，哭喊着母亲的名字。不过，这名同伴的死，与日本士兵临死前高喊"天皇陛下万岁"的传说相去甚远。他在战后出版的纪实小说《战舰武藏的末日》中，对此事有详细的描写。虽然他长期担任"海神会"事务局局长，全力支持此会，但他与任何政党都没有关系，也不受党派左右，专心投入保存战争记忆的工作，从搜集战殁学生留下的书简，使其结集问世的活动开始。这些书简最后结集成书，题为《听

---

* 原文题为《难死の思想》。日语的"难死"，意谓罹难致死，因此译成《思考死难的意义》，比较贴近原意。

吧，海神的声音！》。[6]

　　林尹夫（1925—1945）是神风特攻队队员之一。据说，他在生命的最后一天，仍偷偷地阅读托哥哥取得的列宁的《国家与革命》一书。他在军队的厕所阅读该书，每读完一页，便把它撕碎吞下。他从中得到一个结论：自己将为毫无意义的目的而死。他体悟到，日本进行的战争是帝国主义的战争，日本终将被美、英、苏、中四国联合的强大军力打败。他把这个想法写在自己的笔记上，又悄悄地寄给哥哥。他虽然能够构想自己死后的社会形态，但却找不到自己如何在未来社会效力的出路。战争结束之后，他的哥哥把他遗留下的书简和笔记，编辑成册出版，题为《命舍月明时》。[7]

　　海军少尉吉田满（1923—1979）所乘的"大和"舰，是当时与"武藏"舰并列的世界最大的战舰。不久，"大和"被编入攻击美国海军的特攻任务，不携带回程的油料，直接从日本本土出航进击。战舰在离开日本港岸，航向最后之航时，军官房间里随即展开热烈的讨论。往昔钳制军官们言论自由的肃杀气氛终于解除。他们都在思考，自己到底是为何而死？一名职业军人——炮术军官臼渊上尉在激烈的辩论中说道："从战略上来说，我们这次出击毫无意义可言，也不能给敌人任何打击；我们的目的就是证实此一行动的徒劳，我们将为此而死。"这些话都被吉田满记录下来。吉田满是少数落海后被救起的生还者，他在《大和战舰的末日》这部史诗般的纪实文学中，写下臼渊上尉的看法。这本纪实性的长篇著作，是在日本投降之后，由参战的海军军人写成，丝毫没有对美军占领日本时期，钳制言论思想的做法有任何妥协，因此占领军的检阅单位禁止这部著作据实出版。直到占领时代结束的 1952 年，这部作品才以完整记录当时史实的形式，出现在众多日本人的眼前。[8] 作品的率直文体洋溢着年轻士兵的勇敢，日后成为日本文学中留存的名著之一。这部作品的卓绝之处在于，没有蒙上战后性格的痕迹。由战争时期军人文体所写成的作品，反而可以超越战争时代的精神，给予不同时代的读者们强烈的震撼。而这正证明，无论在任何时代或任何社会，文学作品都是最普遍的试金石。 193

吉田满后来高升至银行的监事，于 1979 年 9 月病逝。他在去世的前两年，曾在某次公开场合说：所有为战争展开某种行动的人，都应该忠实记录自己所扮演的角色，把它当成遗产留给后代子孙！这席话是他在 20 世纪 70 年代日本经济高度发展时期，担任日本的银行监事之职时所言。

许多参与特攻行动的青年，都认同自己的行为价值。在这些人之中，我引述的林尹夫和吉田满，在战争末期封闭窒闷的氛围中，早已展开独立的思考。他们无力从封闭的状态中挣脱出来，自然更没有气力击垮封闭的国家。可是，他们孤独的声音传至今天，他们就像落地而死的麦子般，虽然一粒麦子死了，但还会长出更多的麦子。

1945 年 6 月 23 日，冲绳沦陷了。有 10 万名的冲绳平民罹难，9 万名日本军人战死。其后，日军相继在缅印边界和菲律宾吃了败仗。8 月 6 日，美军在广岛投下原子弹。8 月 9 日，苏联向日本宣战，攻击位于中国东北方的日军；同一天，美军又在 194 长崎投下一颗不同性能的原子弹。8 月 15 日，日本宣布投降。

十 战争时期的日常生活

1979 年 11 月 15 日

诺曼·朗梅特（Norman Longmate）在他的著作《当时
我们是如何生活的？——第二次世界大战中的日常生活史》
（1971）中，曾详细记录第二次世界大战期间英国民众的日常
生活实态。如李德·哈特指出，英国当时已被迫至几近溃败的
局面。日本和英国都属于高度工业化的国家，而且又没有支撑
庞大人口所需的丰富粮食生产力，因此也跟英国一样，深为日
常生活的粮食短缺所苦。但是英国和日本，在战争时期呈现的
日常生活样貌却有些不同。

其中，最明显的不同在于配给制度合理性的差异。朗梅特
虽然对英国黑市充斥的情形大加指责，不过，他也同意某个农
夫所说的，传言的确比事实夸大得多。英国的粮食部在抑制粮
食价格方面的成效非常显著。第一次世界大战时，粮食价格上
涨了 130%，但第二次世界大战在时间跨度上几乎比第一次世
界大战长两倍，粮食价格却只上涨了 20%，即使没有得到政府

的补助，增加率也不过 50% 而已。

在与粮食相关的所有事件中，最引人注目的是，历时六年的战争结束时，英国人——至少幸存的英国人——都比开战之初要健康得多。据说，1939 年英国的一般妇女，还弄不懂蛋白质和卡路里有何不同。可是当战争结束时，粮食部部长却收到来自家庭主妇的抗议信函，内容扎实，令他既感为难又觉心喜。她们抗议住家附近的食品店，并没有备齐让家人补充体力免于生病所需的食品。

日本配给主食白米的制度始于 1941 年 4 月，后来还扩及调味品在内的其他辅佐食品。根据 1941 年的厚生省公告，倘若一名参与一般工作的年轻男子，一天需要 2,400 卡路里的话，政府已确保供应相应分量的食物。1942 年以后，这个基准降到每天 2,000 卡路里，到了 1945 年，更降至 1,793 卡路里。这种情形自然导致一种结果：国民的健康已遭到破坏。1930 年以前，因结核病死亡的人数，每年有 14 万人，这个数字可以说相当高了。到了 1942 年，已攀升至 16 万人，1943 年更超过 17 万人。1944 年以后，政府不再对外发表统计数字。

表面上，配给制度的实施看似没有破绽。不过，配给制度自始至终就有黑市组织在背后补助。日本在明治维新之前，始终是个农业国家；因此，即使在明治时代以后，都市的住民与乡间的亲朋好友仍互有往来。于是，都市的住民便通过亲朋好友或者邻近的居民，以物易物的方式（这是比货币至上的市场更早的经济形式），来换取他们所需的白米和蔬菜，为每个家庭打开秘密的生活通道。如此一来，在这种时代的都市住民们，

199

便几乎得时常下乡去，循着复杂的人际关系，拜访他们新认识的"朋友"，用自己的旧衣及贵重物品，换取生活所需的食物。换句话说，都市的住民若没办法找到这种黑市交易的管道，可能因为断粮而危及生存。

除了建立于私谊以及互助习惯的黑市交易之外，另外还存在一种黑市交易。这种黑市交易，是由熟悉经济脉动的投机者，借由囤积生活必需品，抬高价格以牟利而衍生出来的。这种货币至上的黑市交易使得东京的米价节节上涨，根据在战争时期每天写日记的小说家永井荷风指出，1943 年间，白米的黑市价格 1 升是 4 日元，到第二年，由原来的 10 日元涨到 15 日元。短短一年内，白米的价格就从 250% 涨到 400%。[1]

在这种情况下，家庭主妇必须掌握各种资讯，根据这些资讯做出正确的判断，同时还得经常观察社会情势的变化。

为了维系家族成员的生命，主妇们不得不掏出自己仅有的一点东西，同时下乡去建立新的人际关系。而为了造访这些新的人脉，又必须想办法搭乘当时极其难寻的交通工具，而为了获得政府配给的衣服和食物，必须长时间站立。另外，为了日后能获得邻居的帮忙，必须出席邻组 * 的例会，或是在自家庭院挖掘防空洞躲避空袭，以及参加严防敌机空中来袭的防空演习。不过，最后这项防空演习，只是练习徒手接传装水的水桶，或用扫帚灭火而已。到了战争末期，敌机正式轰炸时，这些练

* 日本于 1940 年规定的。二战时因所谓的国民精神总动员体制而设立的基础组织。约十户为一单位，受地方政府、钉内会等控制。政府通知、物资配给、义务劳动及防空演习等都通过该组织实施。

习丝毫派不上用场。

　　家庭主妇为什么必须如此十项全能，原因非常简单，因为大部分的男人，无论是年轻人或中年人，只要身体还能动的，不是被征召入伍，便是被征调到军需工厂工作。1944 年 2 月，被征召入伍的人数已达 400 万人，占当时男性总人口的 10%；到 1945 年 8 月，投入军务的人数高达 719 万人，已占包括儿童、老人、病患和残障者在内男性总人口的 20%。

　　战争时期的都市主妇们，在缺乏男丁的状况下，不得不张罗一切的家务，但这也使得明治时代以前，农民、渔民和商人之妻的传统得到复活。明治时代之前，武士等只占全人口的极少部分。因此，非武士阶层的妻子与武士阶层的妻子形成鲜明的对比，在行动上有较大的自由。战时的都市主妇们不但要肩负起生活的重担，而且还要具有看顾所有家事的自信，并迎接战争的结束。反观从男性至上立场发号施令的日本帝国政府却举旗投降，使得男人们失去了自信，而女人们却仍旧继续日常的工作，以维系自己、孩子和其他家人（包括丈夫在内）的性命。这件事，给予这些女性在近代日本从未有过的权威。茨木则子（1926—2006）写过一首题为《当我最美丽的时候》的新诗——日本战败的时候，她才十九岁——表现出战后不久许多女性共有的高昂且充满自信的气息。[2]

　　女性丝毫不必负起日本发动战争的责任。她们既不是陆军或海军的领导者，也不熟悉把战争合理化的政治语言，而且在战争期间也不享有投票权。不仅如此，为了能够确保生存所需的粮食，她们不得不犯法。倘若她们如实地遵守法律条文，恐怕所有的家人都得饿死，至少在都市里的情况是如此。在某种意义上，不仅是女性而已，大多数的日本人在战争期间都以某种方式触犯过法律。女性从黑市市场得到某些讯息，通过共同的私下交易相互帮助，避免与现存的国家秩序正面冲突，但仍遵从超越公认秩序的道德与习惯；她们不讲夸大的政治口号，却充分运用战时不为国家机器纳入，或可说是因此涌出的实际思想。这种思想不仅与日本政府的投降无关，甚至正因为如此，而成为她们继续活下去的动力。

　　多亏占领军的帮助，女性在日本历史上首次获得了选举权。不过，女性把自己的代表送进议会，相对此状况来说是较少有的事件。战后首次大选的结果，选出的 466 名议员之中，女性议员只占 39 名。由于战争期间女性广泛享有的生活思想并未与任何政治党派的思想合流，因此，尽管在日本战败后不久，女性的政治活动看似非常活跃，但随着生活的日渐安定，却逐渐平缓下来了。等到战后的混乱渐趋平静，她们对推选女性代表进入议会的关心便大大降低了。

　　除了粮食配给计划之外，战时日本和英国的日常生活中还有另一个较大的差异，那就是"邻组"组织。这种组织与其说是出于政府的建议，倒不如说是受到政府的命令而成立的。在日本与中国开战的最初阶段，中央政府的官员即已看出，不久后资源将更加匮乏，配给制度的实施势在必行。但问题是，日本从未实施过类似的配给制度，绝不能贸然推行，所以必须先设立教育机构，借此向市民宣导配给制度的内涵。例如领取日常生活用品时必须排队，或尽量制定实际的计划，用所得有限的粮食和衣物维持生计等。为此，东京市政府的区政课长谷川升提出恢复德川时代邻居交谊的组织，取其新名为"邻组"的方案。东京市市长接受了这个提案，刊载于1938年5月19日的东京市政府公告上。

　　从日本的精神史来说，那时候的谷川课长，不仅从德川时代的"五人组"制度 *，也从幕末的二宫尊德（1787—1856）所构思的邻居互助的组织得到启发。尽管这个自发性的互助层面，有来自谷川课长的构想，但在1938年至1947年的邻组制度史中，并未获得体现。之所以只说到1947年，是因为这个制度直到此时才由占领时期的政府下令废除。"邻组"向来都是作为传达政府既定政策至民众生活的工具，而不是扮演像毛细管般，把民众意见和生活情感传至中央政府高官的角色。倘若它能执行这种任务，"邻组"势必成为一种文化革命。大政翼赞会成立之初，由包括激进主义者和自由主义者在内的近卫文麿智囊团构想出这个组织时，其实就含有这种目的。进言之，当时的民众也看出这种目的。因此，大政翼赞运动在1940年展开的初期阶段，才受到广大群众自发性的支持。但是这个组织迅即被中央政府的高级官员和陆军军人夺取，沦为他们监督和干涉细至市民生活的机构。结合了此倾向，当初东京市政府一个课长的一时之见，才会如此迅速变成由日本军国主义政府指挥的众多扰民法令之一。

　　正如守田志郎在《日本的村庄》中所述，日本的村落有一

---

*　以五人为一个小组，是江户时代的一种连带组织。

种传统：它不会因为思想或宗教的理由，对同聚落的村民进行
肉体的抹杀。不过，这个习俗并不适用于村外者。这个事例可　　206
从尾崎秀实一案得知。尾崎秀实被公开指称与苏联间谍佐尔格
的关系之后，他的家族亲戚在战争时期便受到同为日本人的鄙
视。当流言指称他是叛国之徒时，对此人从精神到肉体都要加
以消灭的动作，旋即在"邻组"一带集结起来。这种情形有点
像出现在欧洲史和美国史中的"猎捕女巫"，就最近的事例而言，
又类似第二次世界大战后，麦卡锡（Joseph McCarthy）扫除
共产党分子的旋风。而这个"麦卡锡旋风"，也逼使准备赴埃及
履新的加拿大大使，同时也迫使近代最优秀的历史学家——E.
H. 诺曼（E. H. Norman）走上自杀之路。有关这件事，容后再叙。

　　类似这种不屈服于战时"猎捕女巫"的旋风，仍坚持自己
信念的女性，首推九津见房子（1890—1980）。[3] 在日本人的
转向史中，九津见房子称得上是个奇葩，她在转向之后，仍继
续参与批判政府的反战活动，而且接连受到严惩。她既不是一
心想抵抗军国主义，也不是故作姿态地伪装转向。

　　九津见房子出生于日本中国地方 * 的冈山县。她最初和独
立派的宗教人士高田集藏结婚，生下两个孩子。1921 年与丈
夫离婚之后，和同伴创立了社会主义女性团体的"赤澜会"。　　207
同年，她跟当时投身共产党最有力的组织者——三田村四郎结
婚，参与印刷工厂的劳工运动。1928 年被捕，1933 年再度入狱。
她在 1933 年的集体转向之后，脱离共产党的运动，另外展开

---

* 　指冈山、广岛、山口、岛根、鸟取等五县。

运动，营救尚被羁押在狱中的社会主义者。在这些入狱者中，有佐野学、锅山贞亲，以及她的丈夫三田村四郎。由于九津见房子本身没什么学历，所以没能亲自建构证明其转向的理论。在战时日本转向的激进主义者之中，九津见房子是罕见的人物之一。因为她虽然在书面上向日本当局声明转向，在行动上却不转向。因此，她既不属于当时蔚为风潮、从共产国际的狂热信徒转移到信奉超国家主义*的立场，也没有从一个极端摆荡到另一个极端的倾向。尽管她是曾任日本共产党最高领导人，后来入狱服刑的著名转向者三田村四郎之妻，她仍成了尾崎秀实和佐尔格的同志，积极防阻苏联和日本发生军事冲突。1941年6月，九津见房子再度被捕，被判八年的有期徒刑。1945年10月，因麦克阿瑟司令部的指令，才获释出狱。

208

　　战后重建的日本共产党，鼓励九津见房子出来参选战后的第一次大选。不过，她拒绝了这个提议，宁愿作为三田村四郎的妻子度过一生。三田村四郎战后曾以反共产党罢工的领导者而声名远播。然而，九津见房子在政治理念上与丈夫并不相同。1960年，她以一介无名的合作者，而非领导者的身份参加市民运动，抗议再度崛起的战时领导者岸信介总理政府缔结的军事协定†。1964年，三田村四郎去世之前，她一直和他共同生活。我们从九津见房子的生涯中看到：在日本人的转向史中，她是

---

*　"超国家主义"为极端民族主义，指带有国家社会主义色彩的法西斯主义政治思潮与运动，极强调国家主义因素的政治体制。以20世纪30年代中期至二战期间的日本和纳粹德国为典型。

†　指《新日美安全保障条约》。——编注

一个难得而又独立的女性，日本男性知识分子身上罕见的灵活性（不论是否为激进主义者），她也具备了。

　　战争期间对叛国贼的责难，大至日本全体国民，小至"邻组"单位。这些细小单位发挥着与过去村落传统不同的作用。过去的村落对各种倾向的住民都予以保护，但是"邻组"只要从自己的周遭嗅出异国的气息，便对这种具有外国特质的人士施加压力，直到对方变成认同国家体制的真正爱国者。因此，许多人被捕、被拘留、受审判，或以微不足道的理由遭到迫害。在战争时期特务警察制造出来的犯罪中，最著名的是1944年的"横滨事件"。为此，朝日新闻社、时事通讯社、日本评论社、岩波书店、东洋经济新报社、中央公论社和改造社等著名言论机构的员工，纷纷被逮捕入狱。其中，《中央公论》和《改造》在军国主义时代之前的大正时代，即是社会民主主义的旗手，但这两家杂志社，因为这次事件的扩大渲染，最后不得不宣布解散。1944年1月，这两家杂志社有几名员工遭到警察逮捕；1944年7月10日，情报局又命令这两家杂志社"自行"解散，到7月底这两家杂志社最终解散。

　　横滨事件第一次的逮捕行动是在1942年9月11日。川田寿（1905—1978）和他的妻子定子（1909—1999）成为首批牺牲者。他们两人遭到逮捕，是由一个搭乘俘虏船的返国者证实的。这艘俘虏船于1942年8月20日，从美国抵达日本，船上约有1,500人。警察以随机抽样的方式，对长期旅居美国、刚返抵国门的日本人进行逮捕。他们把这种随机逮捕的方式当成一种实验，认为可能揪出自美国潜入日本的间谍！尤其是赴

209

美国之前曾在日本参与左翼活动、留有案底的人士，更成了他们必须特别调查的对象。其中，有个落入此网的无辜者，大概想逃避漫长的拷问，于是向警方说，有个比自己更重要、姓氏为川田的人物已经返国云云。 210

川田寿在基督教教友派（Quaker）*父母的培育下，进入庆应义塾大学就读。在学生时代，他曾参加为日本共产党募款的活动，而数度被捕。后来，他前往美国留学，一边打工一边读书。罗斯福总统主持新政的时代，他曾以劳工运动组织者的身份，四处活动，但并非像逮捕他的特务警察所说的是美国的共产党员。1941 年 1 月，亦即日美交战的前十个月左右，他偕同妻子回到日本，在世界经济调查会担任资料室主任。川田夫妻遭到逮捕之后，在狱中频受拷问，连他们的一些朋友也被捕刑问。但即使警察拷问，依然找不出川田夫妇回国后从事左翼活动的任何证据，终于在拘留三年之后不得不释放他二人。但是释放前仍有形式上的审判，川田寿被判三年徒刑，缓刑四年；川田定子被判一年徒刑，缓刑三年。起诉书上既没有记载川田寿企图重建日本共产党一类当初警方所认定的罪行，更没有所谓从事间谍活动的事情。其中，记载的唯一罪名是他在美 211 国期间从事左翼活动，而这竟也违反日本的《治安维持法》。

仅仅因为认识川田寿即遭逮捕的朋友中，包括高桥善雄，而因认识高桥善雄被捕的，则有当时担任满铁东京分公司调查室主任的平馆利雄，以及在同单位任职的西泽富夫。特务警察

---

* 又称贵格教派。

从他们的随身物品中找到一张摄于富山县泊镇*的照片。这张照片中，有细川嘉六这号人物。这位细川正是在 1942 年的《改造》8 月号与 9 月号上，发表论文《世界史的动向与日本》的人。细川嘉六（1888—1962）生长于富山县的泊镇，他因为要返乡处理父母的丧事，所以借此机会邀请朋友到他的故乡一游。那时候，东洋经济新报社刚好出版他的《殖民史》，他获得 1.6 万日元的版税，这对出生在日本海边且并不富裕的渔夫之子细川而言，算是一笔巨款，所以他打算拨出部分版税和几名好友共享。因为当时，要吃到新鲜的鱼是非常困难的。但这次与政治毫无关联的朋友聚会，只因留下一张照片，却成为特务警察捏造的根据，进而被扭曲成一场企图重建日本共产党的会议！

212

其实，当初在泊镇召开的"会议"并非如警方指称的图谋不轨，现在已毋庸置疑。因为战败后，细川选上共产党的议员，西泽富夫也成了日本共产党中央委员会的委员，即使在这时期，他们也没有用战争时期重建党的英勇事迹，来掩饰自己的过去。

战争时期最大的捏造事件，始于警察无意间从被捕者的随身物品中发现的一张照片。特务警察用这张照片制造幻想，并为了让这个幻想有其根据，他们把这次聚会命名为"泊温泉会议"，来呼应当初日本共产党创立时召开的著名的"五色温泉会议"。事实上，细川嘉六招待朋友投宿之处是泊镇上的"纹佐旅馆"，馆内无温泉。就因为这场凭空虚构的"泊温泉会议"，使得 62 位编辑和作家被捕，其中 4 个人死在狱中。

---

* 现今称为朝日町。

战争结束之后，川田夫妇和横滨事件其他的受害者们，一起控告了特务警察的恶行。在这起控诉中，详细记载了他们被刑讯的情形。比如，用来刑讯的工具种类繁多，有竹刀、竹板、5 尺长的棍棒、鞭打用的绳索、用来刺人的伞尖、火筷子、专用踢踹人体的鞋子和鞋底等。警察还让川田定子的下半身裸露，拿起警棒戳刺私处。记述这些刑讯之后，川田夫妇还说，不仅他们遭到刑讯，因同一嫌疑被捕的大河内夫妇也受到惨无人道的凌虐。

这些指控就是中村智子在《横滨事件的受害者》一书中补写的部分。[4] 几年前，我曾在连载中读过中村智子对此事的披露，但当时并未提到这部分。现在，这补写的部分和我个人的记忆结合在一起。这本笔记指出，川田夫妇似乎完全不认识大河内，但这大河内夫妇却是我的朋友。1942 年 3 月，我被美国联邦警察逮捕，起先遭到拘押，后来被扣留。我在拘留所认识的一名日本人告诉我，就他已知的旅美日本人中，大河内先生是最富传奇性的人物。据说，大河内先生和这位先生的哥哥在同一个马戏团中，这个马戏团叫作"玲玲马戏团"（Ringling Bros. and Barnum & Bailey Circus），是当时世界最大的马戏团。

我们再往前回溯一下历史。20 世纪初，早年的杰出横纲力士常陆山曾率领日本的大相扑团到海外巡回公演。当时，随团中有个叫太田川的相扑选手，他的相扑技艺在美国颇获观众的青睐，因此，他并没有随大相扑团返回日本，而是留在美国。他在玲玲马戏团的舞台上初展身手，试演他自己编导的柔道剧。

213

214

他导演的柔道剧其实是一种"幕间狂言"*，借以转换动物表演与杂技间的气氛。首先，中央的圆台一片漆黑，发出下雨的声音。接着，一个身穿日本和服的女性，一面用日式的油纸伞半遮着脸，一面缓步走到圆台的中央。这个女性正是相扑选手太田川的妻子。但就在这时候，冲出一个彪形大汉（由太田川饰演，他是相扑选手，所以在美国人看来，也是巨汉），扑向娇弱的妇人，想要抢钱。只见这名妇女轻巧地抓住恶徒的手臂，施出柔道的手势，便把他摔倒在地。恶徒的一名手下（由大河内先生饰演）见状，想来拯救老大，而持枪准备射击这名妇女。不过，他照样被这名妇女用柔道摔得四脚朝天，最后两个恶徒只好落荒而逃。剧情虽然如此简单，但却广受欢迎，据说曾在美国各地巡回公演好长一段时间。大概是日俄战争后不久，美国对日本文化正产生兴趣吧。

　　待在监狱期间，我们无所事事，听到许多这类的故事。在那里最常为人所津津乐道的大河内先生，其实还有许多逸闻。虽然我也听过有关大河内先生的众多故事，但是在这里，我只想谈一件耳闻，也就是他前往美国的理由。

　　他的本名叫大河内光孝，是子爵家中的次子。按当时华族子弟的习惯，他进入学习院†就读。读小学期间，他发现有个低年级生看似非常孤单，由于他很喜欢这个学弟，于是把自

215

---

* 短喜剧，以讽刺谐谑为特色。原本在能剧的演出幕间插演，以缓和能剧悲戚哀伤的气氛。

† 学习院是学校的名字，这里指的是学习院大学的前身，当时有初、中、高三级学校。这是日本的贵族学校。

己带到学校的糖果——只是些廉价糖果和点心——送给那个学弟。事情传出后，却引起一阵骚动。当时，学习院的院长是乃木希典大将，想找大河内父母商谈，但大河内的父母惶恐之余，让自己的儿子退学了。从那之后，大河内光孝先生的人生有了很大的转折。后来，他走上了歧途，父母无法管教，于是把他送到美国。在美国几经辗转流浪，最后进入了马戏团。从这个故事的脉络中，各位想必已经察知，大河内先生送糖果的那名低年级学生，就是当时皇太子的儿子，亦即现在的天皇（昭和天皇）。

216

我辗转待过几个拘留所，最后来到马里兰州米德堡（Fort Meade）的战时俘虏收容所。上述传说中的主角，比我先进入收容所。正如传言所说，他是个心胸宽广、性情豪爽之人，从他那里，我听到许多有趣的故事。但有关赠糖给天皇的故事，并非他直接告诉我的，而是我从日本人之间口耳相传听来的。我们的交往颇为密切，不仅同在这最后的战时俘虏营，又搭同一艘"日美交换船"*回去。这是最早的"日美交换船"，离开美国后，经由南美，绕过非洲，再经新加坡抵达日本，几乎绕了地球的三分之二，花了整整两个月的时间。我们是在这种情

---

* 1941 年日本突然对英、美宣战，因此仍有大量的外交官员和民间人士在对方国内及占领区滞留。开战后双方断交，往来交通中断，滞留人员无法返国。日、英、美旋即通过瑞士、葡萄牙等中立国谈判，于 1942 年协议日本（包括其占领区与殖民地）将与美国（包括其美洲盟国，如加拿大和巴西）和英国（包括其殖民地及澳大利亚、新西兰等自治领），以远洋邮轮进行滞留人员交换。滞留人员会先搭乘"日美交换船"或"日英交换船"到葡属东非的洛伦佐·马库斯（今莫桑比克首都马普托）或葡属印度的果阿，再由母国船只接回本国。——编注

况下回到日本的，所以有许多交谈的机会，我因而更加欣赏他
的为人。回到日本之后，我志愿当海军的文职人员，前往南洋，
但却罹患结核性胸部骨疽，动了两次手术，最后被送回了日本。
1944 年 12 月，我回到日本。回国后不久，在 1945 年的严寒 217
时节见到大河内先生。那时候，他刚出狱不久，我问他为什么
被抓，按他自己的说法，连他也不知道理由。唯一的可能性是，
大河内先生不改住在美国的习性，心直口快，说了什么带有"日
本可能打不赢这次战争"之类含意的话，因而遭邻居密告入狱。
他们夫妇说，除此之外，想不出其他的理由。后来，战争结束，
社会依然混乱不已，我因而与他们夫妇失去了联络。我心想，
他们应该还活着吧。这次，我是读了中村智子的《横滨事件的
受害者》中引自警方的笔录，才知道大河内夫妇因为卷入"横
滨事件"被捕并受到拷问，以及大河内光孝与"横滨事件"的
关联。

上述情状，让我思及三点事情。第一，有名男子喜欢天皇
这个"人"，到头来却背上莫须有的罪名，在天皇的名义下受
到拷问。这是一个事实。第二，他从美国回来之后，当公寓的
管理员维持生计，但正因为他是从美国归来的，所以包括公寓
在内的附近邻居，都视他为外来者。可是他久居美国回到日本， 218
在语言和习惯上，难免与本地人有很大的差异。但就因为他的
这种外国风格，"邻组"便不予保护，并且对他的言论大加挞伐！
因为他与当时多数日本国民的意见大相径庭，才遭到密告入狱。
尽管他是华族的姜腹之子，但在被捕之后，这种出身丝毫没有
用处。在这层意义上，日本的战时法西斯主义隐含着一种坚实

的冲动，亦即对特权阶级的憎恨和图谋消灭。在这种情况下，大河内先生自然成了战争时期必须统一国民舆论的某种民主主义的祭品！第三，大河内先生自己也不知道为什么被捕，换句话说，他完全不知道自己在捏造的"横滨事件"中所处的结构位置。在我看来，他甚至最终都不知道"横滨事件"这个名称呢！

十一 原子弹的牺牲者

1979 年 11 月 22 日

在战争中，我们可以看到一种共同的事态：交战的国家
时常不约而同地通过国家特质，显现一种心电感应般的方式，
默契十足地持续瞒骗自己的国民。当我们思考战争这个层面
时，可以从国家有意瞒骗国民的角度看出国家的特质。原子弹
就是这众多的事例之一。换句话说，我们从投下原子弹这一事
件可以得知，即便在战争期间或战后，甚至在其后长期持续的
和平时期里，这两个旧时的敌对国家，依然保持着共谋的同盟
关系。[*]

1945 年 8 月 6 日，美国 B29 轰炸机在日本本州的广岛市
投下了铀−235 型原子弹。8 月 9 日，另一架同型轰炸机又在
九州的长崎市投下了钚−239 型原子弹。

报纸向日本国民报道说，美国已用新型的炸弹来对付日本

---

[*] 应是指美、日均未把投下原子弹的事情明白告知自己的国民。

人云云；同时还传述新型炸弹的威力，并劝告读者穿白色衣服比穿黑色衣服更能防止新型炸弹的伤害。这类报道给人一种印象：仅做这种程度的准备有用吗？有关新型炸弹的强大威力，大本营和报纸都没有说出其严重性。日本投降之后，美国派出专家前往广岛和长崎确认原子弹的效力。不过，直到美军结束占领的 1952 年之后，日本国民才得知原子弹破坏力的真相。

1952 年 4 月 28 日，在旧金山签订和约的结果：占领军在日本审查书报杂志的制度宣告废除。发行周刊照片杂志《朝日画报》的朝日新闻社在占领结束的当天召开编辑会议，决定出版受原子弹残害的相关照片。长达七年遭到刻意隐瞒的原子弹下的惨状，通过《朝日画报特辑》的披露，这时才为日本国民所认识。在此之前，遭受原子弹之害的幸存者们，无不独自承受原子弹后遗症的折磨，苟延残喘或者死亡，他们的证词始终没办法传到本国同胞的耳里。几名幸存者有意以自家出版的书籍形式发表自己的受灾遭遇，但是即便以这种形式，仍被占领军的审查制度禁止。[1] 日本电影社曾制作了一部长达两小时左右的纪录片，可是连底片也被美军抄走，幸亏当时有几名制作人员暗中保存了毛片；这是呈现原子弹爆炸后都市实况的唯一电影纪录，该片一直保存到现在。曾有两名朝日新闻社的摄影记者拍下广岛和长崎在原子弹投下之后的景象，其中一名摄影记者接到占领军的命令，要求他毁掉这些底片，但是他不予理会，反而保存了底片。这些照片经过搜集，终于在占领结束后，得以向日本国民公开。

占领军当局认为，披露这些记录会对他们推动占领的目的有所阻碍。或许这种判断是正确的，因为向来以宽大心怀、民主主义者自居的占领军形象，与带给广岛和长崎市民的悲惨境遇太不相称了！

日本投降之后，美军公布一项数字：原子弹投到广岛市，造成 7.8 万人死亡，1.3 万人失踪。但是证据显示，至少有 20 万人死于这场灾难。根据日本红十字会推断，有 25 万人死亡，15 万人受伤；而且死亡的人数，随着年月节节升高。到最近，其死亡率已超过未受原子弹贻害的同时代人。根据推断，原子弹投在长崎造成的死亡，高达 12 万人。

赫伯特・费斯（Herbert Feis）仔细研读战争当时，美军决策的参与者所能利用的资料之后，在《原子弹与第二次世界大战的结束》一书中，做出这样的结论[2]：

美国战略轰炸调查团对于这项早在 1945 年达成的结论，始终无法提出立论充分的反对意见。因为他们综合研判军事上的状况与日本政府及民间的意见倾向后发现，日本的战力已经严重耗损。轰炸调查团同时预测，就算〔美国〕不向日本投掷原子弹，或苏联不参战，甚或不考虑登陆日本的作战计划，日本也肯定会在 1945 年 12 月 31 日前（也很可能在 1945 年 11 月 1 日前）投降。

日本投降之后，美国曾派遣专家到日本，确定和评估美国空军攻击的实态及其效果。费斯的这项结论已由专家的报告得到证实。不过，费斯自己仍说，美国在广岛和长崎投下原子

弹的决定，不应受到谴责。他的立论根据在于：使用原子弹可   224
以尽快结束战争的痛苦，拯救更多的人命。费斯引用的资料指
出，神风特攻队发动攻击以后，日本的特攻机击沉了 34 艘美
舰，其中包括 3 艘航空母舰；并炸伤了 285 艘美舰，其中包括
各种航空母舰 36 艘、战舰 15 艘、巡洋舰 15 艘、驱逐舰 87 艘
等。费斯接受美国领导者的价值意识，认为在苏联欲加入分享
猎物前，为了尽早结束战争，使用原子弹是正当之举。但问题是，
应否使用原子弹的判断，跟此判断是否原封不动地接受 1945
年 8 月美国战争领导者的价值意识有关。

　　英国的军事史家李德·哈特就没有受到美国领导者价值意
识的束缚，他从军事的观点，在其《第二次世界大战战史》一
书的最后阶段，这样写道[3]：

　　……于是日本用无线电宣布投降。

　　其实，并不真正需要使用原子弹才能产生这样的结果。
诚如丘吉尔所说，当其船只的十分之九都已沉没或不能航
行，其空中和海上的兵力都已被摧毁，其工业已被破坏，
其人民粮食供给已日益缺乏——在种种情况之下，日本的
崩溃实在早已成为定局。   225

　　美国的战略轰炸调查报告书（U.S Strategic Bomb
Survey）也同样强调这一点，不过却又补充说："假使日本
的政治结构能够对于国家政策做比较迅速有效的决定，那
么在军事上的无能为力，与在政治上接受无可避免的现实
之间的时差，也许就能缩短。话虽如此，似乎还是很明显，

即便不使用原子弹，空中优势也能产生足够的压力，使日本无条件投降，并且无登陆作战的需要。美国舰队总司令金恩（Ernest Joseph King）也认为，只要我们愿意等待，仅凭海军封锁即可饿得日本人非屈服不可——因为他们缺乏油、米，以及其他各种必需的物资。"

但是我们不禁要问，为什么美军决意不等呢？这就是问题所在！假设当时美国的目的是与苏联竞争，美国政府当然不能等待。另一方面，美国可能也抱持一种价值意识，要满足美国内部的舆论，最好尽早结束战争。基于这些因素，美国政府认为不能空等，也决定不再等。这样一来，可以说使用原子弹的决断，不仅出于军事上的需要，也是出于政治上的需要。但是，美国不愿意面对这个事实！

226

我再援引一下李德·哈特的《第二次世界大战战史》，其中便提及美国军事领导者间不同的意见。曾经出任罗斯福总统与杜鲁门总统参谋总长的莱希上将（William Leahy）也跟前述金恩上将相同，有不同的预测：

　　莱希上将对原子弹的判断为不需要，并且更加强调："在广岛和长崎使用这种野蛮兵器对于我们与日本的战争无实质的助益。由于有效的海上封锁和成功的传统性轰炸，日本已被击败并准备投降。"

但是，为什么要使用原子弹呢？除了希望想迅速减少英美

两军人命损失的直觉想法以外，是否还有其他的强烈动机？这
有两个原因：其一便是丘吉尔本人所透露的。在他的叙述中，
7 月 18 日当天听到原子弹试验成功之后，和杜鲁门总统会商
时的情形里，他曾对于当时在座诸公的心情做出以下的分析：

> 我们应该可以不再需要苏联人，对日战争的结束已经
> 不必再依赖他们投入大量军力，我们不需要再求他们帮忙。
> 几天后，我告诉艾登先生 *说："非常明显的，目前美国不
> 愿意苏联人参加对日本的战争。"（丘吉尔，《第二次世界大
> 战回忆录》第 6 卷，页 553）

227

斯大林曾在波茨坦会议上要求分享占领日本，使得美国
人感到非常为难，而美国政府必定十分希望能够避免这种情形
发生。原子弹也许能够帮助解决这个问题。苏联已预定在 8 月
8 日加入战争——也就是在投下原子弹两天之后。

在广岛和长崎投下原子弹的第二个理由，是由莱希上将所
透露的。他说：

> 科学家和其他人士想要做这次试验，因为这个计划已
> 经耗费了大量的金钱。

原子弹的建造计划共计 2 亿美元。一名与代号为"曼哈顿

---

* 罗伯特·安东尼·艾登（Robert Anthony Eden，1897—1977）于第二次世界大战期
　间担任英国外交大臣，1950 年继丘吉尔之后，接任英国首相。——编注

计划"（Manhattan Project）的原子弹作战具有密切关系的高级官员，曾经对于这一点解释得更清楚：

> 简单地说，这颗原子弹必须是成功的——因为在它身上已经花费了大量的金钱。如果失败，我们该如何解释这样庞大的费用呢？想象人们会怎样批评……但时间日益迫近，在华盛顿有某些人曾试图说服格罗夫斯将军（Leslie Groves），也就是曼哈顿计划的指挥官，赶紧急流勇退，以免太迟而不得脱身。因为他们知道，假使我们失败，格罗夫斯将会成为众矢之的。

228

当这颗原子弹完成并投下之后，所有一切相关人员感到巨大的安慰，真有如释重负之感。

此外，也有人不从历史的军事层面来看问题，而从未来世界一分子的角度阐述自己的观点。罗贝尔·吉兰（Robert Guillain）是当时派往日本的法国记者，法国投降之后，他被扣留在日本生活。他在记述当时经历的《日本人与战争》一书中，提出这样的质问 [4]：

> 白种人胆敢向非有色人种投下原子弹吗？

他猜想，这个问题的回答应该是否定的。他以白人新闻记者的立场认为，盟军领导者的潜意识里有人种歧视之嫌，这使得他们可以轻易下决定，向日本投下原子弹。

1954 年 3 月 1 日，在中太平洋比基尼环礁捕捞鲔鱼的"第 229 五福龙丸"，淋到美国在水中试爆氢弹造成的灰雨。3 月 14 日，该渔船回到静冈县的烧津之后，23 名船员随即出现头痛欲裂、呕吐、皮肤红肿和掉发等症状。9 月 23 日，通讯长久保山爱吉（四十岁）死亡。

后来才知道原来从比基尼环礁捕获的鲔鱼含有放射能，于是"勿食鲔鱼"的消息旋即像电流般传遍日本全国。或许加拿大人比较难以理解鲔鱼的滋味，但在日本，这种食品具有独特的意义：把生鲔鱼片放在熟米饭上，是日本最高级的食物之一。因此对日本人而言，鲔鱼包含着一种享受的浪漫。但现在，日常生活中日本人喜好的鲔鱼形象，却让人联想到氢弹的恐怖。为此，许多寿司店因被怀疑使用"原子弹鲔鱼"当食材，而被迫暂时关门歇业，鱼市场也大受打击。"第五福龙丸"的母港——烧津的市议会决议要求美国政府禁止试验原子弹与氢弹。这个决议进而引起全日本的村、町、县议会决议发布反对原子弹与氢弹宣言的运动。只有东京都、宫崎县、鹿儿岛县和福井县等 230 反对通过《禁止试验原子弹与氢弹决议》。像烧津市议会这种地方乡镇，率先表明反对原子弹与氢弹试验的世界性行动意志，的确在日本的反战运动史中写下新页。

虽然东京都议会没有通过《禁止试验原子弹与氢弹决议》，但位于东京都内的某一区却成为日本国民规模最大的反核运动中心。这个区，就是杉并区。杉并区的住民大都是以公司职员和公务员家庭居多。在杉并区发端，并以中产阶级家庭主妇为核心的反对运动，无形中创造出一种新的反战运动的形式：主妇们选定时间站在街头呼吁路人联署"禁止使用原子武器运动",或举行小型读书会,探讨原子弹、氢弹或以战争为主的书籍。此种运动形式,起初受到继承战前无产阶级运动形式的运动者所鄙视,有些马克思主义学者甚至批判说,在马克思的著作中根本没有"联名签署"这种东西!然而,共产党员和社会党员眼看此运动在民间的影响力逐渐扩大,便主动接近参加。最后,却因为双方互争运动主导权,导致运动走向分裂局面。

德川时代的东京 *,孕育出各种由中下层阶级自由参与而形成的大众文化的样式。但是明治时代以后,城市规模超过江户末期五倍的东京,在文化的形式上,很长时间处于瓦解江户时代形态后却无法定型的局面。战败后的岁月就是这种不定型时代的极端事例!朝鲜战争结束之后,日本受到经济繁荣之赐,像杉并区这种属于东京的新"山之手"地区 †,已形成新形态中产阶级文化的基础,而"原子弹鲔鱼"事件作为契机,便是肇端于 1954 年,家庭主妇反对运动急速发展的原因。至此,日本人自己和学者都没有发现:他们正处于掀开战后中产阶级文化革命序幕的时代;此文化革命的形态,几年后终于以具体鲜明的形式,展现在民众的面前。

反对原子弹与氢弹的全民运动,为何不在其他地方,而在

231

---

* 当时称为江户。

† "山之手",指东京西侧的台地,范围就是现在 JR 山手线围绕的地区。古江户城人口原先都聚集在"山手",杉并区是"山手"地区比较晚开发的地方。所以作者说"新"山手。

杉并区发生？主要是源于安井郁担任杉并区公民馆＊馆长这个偶然的因素。安井郁（1907—1980）原本是东京大学的国际法教授，但占领军以他在太平洋战争时期四处从事理论演说为由，撤去他的东大教授职位，于是他自 1952 年起改为担任杉并区公民馆馆长。在此，他得到妻子的帮助，把住在附近的主妇们组织起来，举行读书会。我们可以将安井郁的战后活动，视为他在遭到占领军军国主义领导者放逐的指令下，于战后不久所进行的转向形式之一。

232

　　反对原子弹与氢弹的联署运动开始后不久，杉并区议会通过《禁止试验原子弹与氢弹决议》，安井郁借此机会，设计全国性的反对原子弹与氢弹的联署运动，并决定将这项运动和 1955 年 1 月在奥地利维也纳召开的世界和平大会相结合。在同年夏天之前，原本始于杉并区，由几个家庭主妇所组成的小型读书会"杉之子会"，成功地取得杉并区总人口 36 万人中，28 万人的联名签署。后来这项运动更成功地得到当时日本总人口 1.1 亿人中，共 3,238 万人的联署。1955 年夏天前，来自世界各地的签名联署已达 6.7 亿人。比起世界各地的情况和人口比例而言，日本之所以能获得多数的联名签署，主要是源于这个特别的原因：到目前为止，全世界只有日本国民受到原子弹的摧残，而且是"三"蒙其害！

　　假使日本政府在十五年战争期间可以自由使用原子弹的话，他们一定会毫不犹豫地拿来对付美国吧。从十五年战争初

＊　公民馆是公共文化设施，集公民学习班、图书馆、公众集会厅等功能于一身，以社区居民为服务对象，开展文化和社会教育活动。——编注

期，日本发动战争的作风来看，是毋庸置疑的。因此，以日本
政府的立场来看，他们很难对美国使用原子弹表示强烈的反对，　　233
但从生活在日本的居民立场来说，其中包括朝鲜人和来自世界
各国的战俘，他们对原子弹的使用则有不同的看法。如前所述，
在这些人之中，例如像罗贝尔·吉兰这样的法国记者，在战争
末期已被日本软禁，但他对原子弹的看法就与美国人的见解稍
有不同。换句话说，只要把世界看成是由国家构成的，只要把
人民看成是国家的一部分，我们在批判使用原子弹之际，所言
便显得有限。杉并区的主妇们与日本的全体住民和世界各国的
民众有志一同，得以收集到反对原子弹与氢弹的联署签名的原
因在于，她们代表的并非其所属的国家政府，而是住在当地的
多数住民。但是不久之后，政党介入了这项运动，他们跟各国
政府的力量结合，反而促使最先揭竿而起的人们所营造的统一
状态走向分裂之途。1962 年 8 月 6 日，举行了第八届"禁止
原子弹与氢弹世界大会"。日本社会党和"总评"*的劳工阵线
提案，要向苏联的核试验表示抗议。但这个议题却造成会场秩
序大乱，日本社会党及其赞同者因而退出了会场。禁止原子弹　　234
与氢弹大会发生分裂，未通过大会宣言，便宣告结束。后来，
中国的核试验更给这次会议带来新的难题。因为各社会主义国
家的代表，每逢其国家代表遭到指责，便退出大会。这些国家
代表始终站在与其政府所采行的、与当前政策不可分割的社会

---

* 全名为"日本工会总评议会"。1950 年成立，是当时日本最大的全国性组织，为第
二次世界大战后日本工会运动的中心。1989 年 11 月因与成立于 1987 年的全日本
民间工会联合会合并而宣告解散。

主义立场。也就是说，只要是社会主义国家代表视为正当的，或是由他们合理化国家使用原子弹，任何人都不准批判。正如过去反对原子弹与氢弹的运动所显示的，社会主义已经显现出另类的国家主义的特征了。

始于1954年，由杉并区家庭主妇发起的反原子弹运动，成为若干年后市民运动的先驱，也成为1960年以后，在显著的经济繁荣之下成长的中产阶级，对自我满足的想法展开自我批判的动力。根据调查，现在（指1979年）已有90%的日本人自觉属于中产阶级，他们身上也的确有着中产阶级的气氛。而这种自我批判本身，即带有都市中产阶级气氛的印记。正如前述，反对原子弹与氢弹的主妇运动，是以鲔鱼肉遭到污染事件为发端，这也可以说是最早由日本公民发起的反公害运动。"公害"是明治时代以后，日本政府工业化政策下出现的特征。　235
由于日本是在几个狭长的岛屿上发展高度工业化的国家，长期以来背负着严重的公害危险；这主要是明治时代中期以后，政府成功地蒙骗民众甚深所致。现在，政府在战败之后，已经愈来愈无法保持过去的威权，反公害的抗议运动才得以发挥力量。但尽管在那样的时代，技术者仍较倾向于政府和企业的立场。然而，就在遭受特定公害的少数市民发出抗议之声时，技术者和科学家及时发出声援，反公害的声音才得以传进广大日本民众的耳里。甚至在某些场合中，还能迫使政府和企业接受抗议内容。然而有些日本的跨国企业仍无视这类抗议声音，在朝鲜和菲律宾等地设立工厂，把公害输出到这些国家，这可说是战争时期大东亚共荣圈构想的战后复制品！抗议公害的市民运动，并不因为把公害赶到国外去，就告结束，仍须收集来自国外对日本企业输出公害的抗议声音，并以此继续推展运动。

反公害市民运动的理论架构，在很多方面创造出相反的做法，不同于始自东大新人会的大学生运动。在东大新人会成员看来，他们已经从理论上透视并理解文明的一般法则，也正试图把这些法则嵌进他们眼前日本的特殊事例中。就反公害运动一事而言，则从特定运动或特定问题出发，然后再转回寻求问题解决所需的知识性法则。东大新人会运动自始至终在本质上就是世界主义性的运动；反公害运动则从地区性的问题开始，继续扮演着推动地区运动的角色，但是并不会只局限在地区运动，最终仍然不得不采取跨越国界的行动模式。而这种行动模式特别适合用在反原子弹与氢弹的运动。犹如地区和世界的关系，反公害运动与东大新人会的运动形成对比，在日本国内批判权力运动中出现的新方式，已由内部衍生一股力量，要与向来代表日本文化特征、此后也将留传后世的锁国性格战斗下去。

广岛和长崎的原子弹受难者，不喜欢谈论他们的遭遇[5]，也没有立即参与反对运动。所有的原子弹受难者对未来的命运都感到失望无助，每天苟延残喘。社会学家的实态研究中已经清楚地表明这些现象；在此之前，这些现象也表现在广岛原子弹的受难者原民喜所著的短篇小说中。原民喜根据自己在广岛目睹的惨况，写下一系列控诉战争暴行的短篇小说，之后却在朝鲜战争方酣的 1951 年，卧轨自杀了。[6] 短篇小说《夏天的花》（1947）生动地再现了发生在广岛的可怕情景；《心愿的国度》

（1951）则描写了遭受原子弹轰炸后，作者内心的幻想与孤独。他在翻译短篇小说《格列佛游记》（1951）时，这样写道：当我看到一匹马垂头丧气地兀立在原子弹轰炸后的广岛时，我想起了在斯威夫特（Jonathan Swift）的《格列佛游记》（Gulliver's Travels）第四卷"慧骃国游记"中，那匹有理性而公正的马。

原民喜是个沉默寡言的人。同样的，许多广岛和长崎的原子弹受难者，都不愿意谈论他们的遭遇。在现实生活中，他们苦于找不到结婚的对象，为家有孩子而烦恼，在替亲戚的子女撮合婚事时遇到困难。他们时常担忧旧病复发的可能，也害怕疾病遗传给下一代，还顾虑自己的有病之躯是否对健康良好的亲朋好友造成困扰而惶惶度日。井伏鳟二的长篇小说《黑雨》，就揭露了整个日本社会对原子弹受难者的歧视。[7]

原子弹受难者中，有诗人峠三吉和小说家大田洋子。[8]这些作家直到去世前，对原子弹灾难的书写仍执笔不辍。事实上，在战争结束的 1945 年秋天之前，大田洋子已经完成《死尸的街道》，但直到占领下的 1948 年，才获准以删除部分内容的形式发表。大田洋子始终无法适应战后的日本社会。她在《半人》（1959）和《满目疮痍的人》（1951）中，不断地凸显原子弹爆炸受难者生活失调的痛苦。

也有一些作家没有直接遭受到原子弹的摧残，例如，堀田善卫就写了《审判》（1963）这部小说，用国际性的视野，观照"原子弹轰炸"为世界现代史的一部分[9]；在小说中，日本人和美国人双方都以对等的主角身份活动。饭田桃的《美国的英雄》（1965）则是一部由日本人所写，却罕见地没有日本人

238

出场的长篇小说。[10] 就这点而言，以一位在广岛投下原子弹的美国人作为作品主角，可以说是日本文学史上的创举！

十二　战争的终结

1979 年 11 月 29 日

1945 年 8 月 14 日，在天皇面前召开的"御前会议"中决定向盟军投降。陆军和海军双方的参谋总长主张继续作战，最后他们把决定权交与天皇。天皇表示，他将接受 7 月 26 日的《波茨坦宣言》。战争终于结束。这场战争造成许多国家人民的伤亡，其中包括 300 万日本人及 1,000 多万中国人。1945 年 8 月 15 日正午，天皇灌录的"玉音"播放到日本全国。

当时，罗贝尔·吉兰被软禁在长野县的轻井泽市，使得他有机会看见村民们聚集在附近一处民房前的情景。那间民房正是邻组组长的家。村民们低垂着头恭听天皇从收音机播出的声音，此前他们从未听过天皇的声音。天皇讲话的方式及其内容，村民们似乎都不大懂，更不知道这次广播的目的何在。广播结束之后，经过普通日语解释天皇的演说，村民们才了解演说内容意味着日本投降。吉兰觉得，天皇讲话的方式很像能剧演员，单调而又缺乏情感。不过，听广播的群众也以日本传统戏剧常见的表演形式，回应天皇的演说。他们用最少的肢体动作来表达内心涌动的情感，把深刻的感情隐藏在无动于衷的伪装之下。但广播结束以后，传来了阵阵的啜泣声。村民们纷纷回家，不再出现，整个村落陷入完全的沉寂。

这时候，最让吉兰惊讶的是，留在日本本土的 7,500 万日本人在此之前宁死也不愿投降，现在却跟着天皇的演说"向后转"了。第二天起，他们居然用亲切的笑容向吉兰和其他白人打招呼。

根据当时的资料指出，日本宣布投降之后，有 527 名军职人员自杀身亡。其中陆军 394 人，海军 126 人，有 3 名护士，其余 4 名的所属单位待查。此外，也有 39 名非陆军、海军的人员在东京自杀，他们都是信奉超国家主义的成员，也就是尊皇攘夷军 *、明朗会 †、大东塾 ‡ 的会员，其中也包括一转念间便加入集体自杀行动的青少年。他们是在 1945 年 8 月 28 日麦克阿瑟的军队登陆日本本州之前自杀的。整体而言，美军是在平静中占领日本的，其间并未遭到来自日本方面的武力抵抗。至此，夺走 300 万日本人生命的战争终告结束。

构成日本全国四个大岛上的住民们在美军登陆之际，都决意进行"本土决战"以保卫祖国。然而，真正进行决战的并非这四个岛屿，而是远离本土的冲绳群岛。

243

---

* 日本的右翼团体。1945 年 8 月 22 日，有 10 名成员用手榴弹自尽，5 天后，3 名该成员的妻子举刀自刎。

† 日本的右翼团体，1945 年 8 月 22 日，有 12 名成员遵照日本传统切腹自杀。

‡ 1939 年 4 月 3 日，以影山正治为首组成的右翼团体，1945 年 8 月 22 日，有 14 名成员切腹自杀。

　　1951 年，在中国和苏联没有参加的情况下，对日和平会议在旧金山召开。在会议上，当时日本首相吉田茂答应由盟军（其实是美军）继续占领冲绳群岛（琉球）。1952 年，在付出同意美军继续占领冲绳的代价后，美国才结束对日本本土的占领。但这件事并没有对当时日本国民的意识造成任何压力，因为冲绳群岛不仅位于日本群岛的南端，在文化传承上，也与本州的各岛屿有些不同。根据传说*，冲绳群岛是由阿摩美久†这个地域之神创造出来的。天神派遣自己的一子一女降临到冲绳群岛上，建立最早的王朝。这个王朝据说维持了二十五代；在这一点上，冲绳与大和王朝的传说颇为相似。在此之后，发生了反王室的叛乱。平乱之后，又建立起新的王室。1609 年，日本南端的萨摩藩‡出兵入侵冲绳，冲绳自此成为萨摩藩的殖民地。但是萨摩藩生怕攻打冲绳（当时与中国有朝贡关系）一事触怒中国政府，因而让冲绳居民保有中国传来的习俗。萨摩藩把冲绳作为自己与中国贸易往来时的转运站，然后再通过这个转运站与美国和欧洲进行间接贸易。萨摩藩用这种方式获得殖民地，并掌握丰富的砂糖产业，不但得以富强自己，也蓄积了日后推翻德川中央政府、展现革命势力所需的国际视野和洞察力。

　　1879 年，明治维新后十二年，东京的中央政府改变过去

244

---

* 指琉球的古老传说。1879 年日本正式并吞琉球王国改置冲绳县。以下相关段落的翻译仍保留作者原语，请读者留意。

† 阿摩美久（アマミク，又作アマミキヨ），女神，受天帝之命下凡至人间后创造了冲绳的岛屿。后天帝又派自己的一子一女至冲绳，此二人生三男二女，长男天孙氏建立了天孙王朝。——编注

‡ 现今鹿儿岛县。

由冲绳群岛世袭君王担任知事来维持其支配地位的制度，而改由东京直接派人出任知事职务。冲绳的王朝至此终告瓦解。不过，冲绳的文化特色并没有遭到翻天覆地的改变。换句话说，受到中国强烈影响的冲绳，其据说为日本文化原型的传统，依旧保持至今。因此，冲绳虽然被纳入日本的版图，仍能维系其独特的文化。这就是美军结束日本本土的占领时，冲绳虽为例外，但日本人却无切肤之痛的背景。

245

20 世纪 50 年代以后，日本本土进入急速恢复经济的阶段，有个叫刘连仁的劳工，曾对当时的情况留下见证。[1] 刘连仁是战争时期从中国被强制带到日本的劳工，他在逃离工地后，孤身躲藏了十三年。类似刘连仁这样的劳工，还有 38,939 人，他们都在 1942 年 11 月 27 日的内阁指示下，从中国被带到日本从事繁重的劳役。约占这些人数六分之一的 6,872 人，两年间即告死亡。有 850 名中国劳工在秋田县花冈山抗议这种残酷的对待，其中 420 人遭到杀害。刘连仁趁在北海道的工地劳役时，于 1945 年 7 月 30 日逃入山中，直到 1958 年 2 月 9 日才被发现。当时的日本首相岸信介担任东条英机内阁的商工大臣，也是订立强制中国劳工劳役的决策者。岸信介政府原本打算把被发现的刘连仁视为非法居留者而加以惩罚，但这个决议随即遭到日本舆论的反对，因而作罢。当刘连仁被问到"为什么躲藏如此之久"时，他回答说："我时常在深夜出来侦察村民的生活情况，有时从窗外窥探屋内发现，村民们的生活和战争期间的匮乏状态比起来，显然富裕快乐得多，往往让我以为日本已经打了胜仗。"

246

　　1966 年 6 月，一名美籍的和平运动者尝试在日本全国进行反越战的演讲旅行，当他游历从北至南的岛屿之后，说出了以下的感想：同一时期，住在冲绳群岛的日本人，却不能获得像包括北海道在内的日本本土同样的繁荣。[2] 这位名叫拉尔夫·费瑟斯通（Ralph Featherstone）的黑人回到美国以后，被反对撤销歧视黑人条款的右翼激进分子预埋的炸药炸死。*他简约概括地描述环绕日本全国的印象：就和平问题而言，日本人可分为冲绳和冲绳以外的日本人。当时，冲绳的美军基地已被作为开打越战之用，因此，住在冲绳的日本人对战争的感受，远比住在日本本土的日本人来得深刻许多。日本本土的日本人因为和平宪法中不准日本政府和国民参与战争的保障，而有安心之感，并且极力赞美这种状态；但对于住在冲绳的日本人而言，他们却有一种正在支持越战的现实体认。

247

　　民俗学家柳田国男指出："日本文化的祖先是从南方经冲绳到日本的。"这是他在最后的著作《海上之路》（1960）提出的假设，同时也是他毕生研究日本风俗习惯的结论。在日本本土，各种传承†都被巧妙地糅合成庄严化国家制度的一部分，但在冲绳则因为没有结合国家的操控技术，而留存为民众仪式的一部分。传承和祭典已深入冲绳民众的日常生活中，因此，至今仍具有比日本本土更旺盛的生命力。[3]

　　投降后不久，有段期间日本国民曾强烈主张用科学的法则，

---

* 拉尔夫·费瑟斯通是"学生非暴力调整委员会"（Student Non-Violent Coordinating Committee，简称 SNCC）的核心成员，于 1970 年遭炸药攻击而死。——编注

† 各种制度、信仰、习俗、口碑、传说等。

代替现有的神话和故事传说。这种科学主义一方面得到占领军
政府的支持，另一方面又得到以苏联政府权威为背景的日本共
产党支持。尽管这两支科学主义流派在日本投降后的短期内看
似新颖，似乎也不容置疑，但随着时间推移，双方都露出了破
绽。传说和仪式所表现的日本旧有传统，现在已被认为不应该
全部舍弃。这些传说和仪式在过去始终被当成工具，用来正当
化现存政府的政策。但一般认为，这种旧式招数，已经不是诠　　　248
释传统的唯一方法。在冲绳文化形态中，女性在宗教仪式中担
负重要的角色，在社会生活中也参与基本价值的开拓，而这种
力量对于改变日本本土男性至上的社会生活，也带来了启示作
用。日本战后的知识氛围就在这种情境中变易。冲绳的传承和
仪式，以明治以后日本史上未曾经历的方式，攫住日本人的想
象力；而它也提供了找出日本古老文化形态的线索，因为这些
线索是无法从近代日本官僚性或殖民地依附文化中发现的。

　　冲绳人对明治以来中央政府的百年统治发出不平之鸣；他
们站在十五年战争牺牲者的立场，也站在战后被割离本土，继
续被美国占领的立场，对战争时期和战后的日本中央政府发出
批判之声。换句话说，这就是现代日本内部的第三世界发出的
呐喊！和柳田国男一样，柳宗悦很早就开始关注冲绳的文化了。
他对冲绳民艺的探索研究，也刺激了日本本土的工艺家。战前，
柳宗悦及其友伴曾数度前往冲绳旅行，当时中央政府强制冲绳
住民使用东京腔标准日语，他曾因此政策与中央政府爆发冲突。
在 1940 年旅居冲绳期间，他也曾因为提倡保护冲绳的语言而
被警察带走。从战时日本政府的标准来看，他的意见显然是危

险思想！柳宗悦当时说，一国的文化力量来自该国内部地域文 249
化的汇聚；相反，地域文化一旦变得薄弱，国民全体的文化也
会失去特色。每个国民若不能充分掌握各地孕育的语言，岂能
找到适合自身的表述方式呢？诗人但丁的《神曲》，就是用当
时意大利的地方语言写成的。冲绳人学习目前东京公定的东京
腔标准日语，或许有所益处，但也请各位倾尽热情，保存你们
祖先留下的语言！同时，也请各位记住，正是这种语言培养出
女诗人恩纳锅*的优美诗作，也请你们更加维护此语言，直到
冲绳的语言创造出伟大的文学来！到那时候，冲绳一定会吸引
所有日本人的目光，而世界各国的人也会因为要翻译这类文学
作品，而学习冲绳的语言。[4]这席话是柳宗悦在十五年战争正
酣时说的。以当时日本文化是被东京政府核心国策所领导的背
景来看，柳宗悦对冲绳的看法，可说是十五年战争史中一种预
言式的声明。战争结束以后，许多人开始觉得柳宗悦的见解是
正确的。战争期间，柳宗悦已经不把地方文化当成是"分销处"，
接受以东京为"总经销"的海外世界思潮，而是将它视为创造 250
世界文化的场所。这种观点，可说是日本战争时期思想史的主
要遗产之一。[5]

　　直到战后，我们才了解这样的事实：冲绳不仅为我们提供
了推断古代日本状态的线索，也提供了构筑未来日本的重要启
示。冲绳时常自觉到自己的负面角色，因为它现在是美军对付
亚洲国家的前沿基地，同时也具有第三世界国家共同的困难。

---

* 相传生于18世纪中期的恩纳村，但生卒年无从查考。作品有用琉球方言写成的短
　歌《琉歌》，采用八、八、八、六形式。

冲绳警告日本本土的住民：20 世纪 60 年代以后的日本经济发展若不加以抑制，势必会侵犯到亚洲邻国的权益。而如何建立一个对战后世界没有威胁的日本，这个展望便是通过日本全体国民，努力继承冲绳经验而表现出来。投降后不久，日本本土的住民完全忘了冲绳的存在，后来才兴起和冲绳结合的希望，而这个愿望在 1972 年终于实现。现在，冲绳仍和日本本土不同，岛屿的绝大部分为美军基地，住民们也和美军士兵往来密切地生活着。然而，当违背美国政府的意思，使冲绳群岛回归日本时，至少对设置核武器设施一事，已决定了冲绳会得到和日本本土同样的待遇。虽然这只是极其些微的形式表现，但也表现出对日本中央政府在战争末期让冲绳住民背负痛苦的自觉！

251

　　1945 年 8 月 15 日对日本人而言，仅能把注意力集中在"战争结束"这件事上。战后不久，日本民众并没有立即在 8 月 15 日这一天，举行所谓纪念集会的仪式。但是慢慢地，纪念这个日子及重新思考战争的集会每年都在召开。当我们把这种对战争的回忆方式，和后来日本在越战中支持美国战争政策的事实结合起来思考十五年战争的时候，它便带来一种新的意义。事实上，包括许多支持旧军国主义的日本人在内，他们都已经察觉，美国的越战政策和日本往昔对亚洲的战争政策颇为相似。因此，纪念 8 月 15 日的集会，通过与越战的交会，便成了反战活动的开端。[6] 当这种结合国外的战争，并从国际视野中审视 8 月 15 日的习惯形成时，这一天对日本而言不仅是战争的结束，也意味着第二次世界大战的终结；进而，我们也可以视这个日子为世界史中某些战争的一部分，或者也包括往后可能

发生的战争！由此看来，日本的十五年战争不仅不是日本的特 252
殊现象，同时也与其他各国推动的各种战争有所关联。

出现这种另类战争观点的原因之一，在于战后的日本新生
代，用儿童的目光凝视着战争时期已成为大人的上一代日本人，
其在面临战败、投降和外国军队占领时，态度如何转向所致。
日本的孩子在占领之下，以前所未有的方式成长，的确是他们
形成这一观点的重大原因。因此，为了了解占领时期儿童性格
的形塑，我们必须回溯至战争时期，看学童是如何疏散和躲避
战火的。最近，我在蒙特娄的报纸上，看到一则在战时英国度
过孩童时代的人所写的回忆文章。当时年纪尚小的帕特里夏·汤
普森（Patricia Thompson）这样写道：

> 前一天晚上因为空袭，我没有睡好，所以在学校的教
> 室里睡得很沉。不过，老师并没有因为这样而责骂我，反
> 而把我抱出教室，把我带到另一个小房间去。那房间是专
> 为像我这种在战争中疲累的孩子准备的。我觉得很不好意
> 思，但也没什么办法。[7]

这个故事恰巧与战时日本小学生所写的回忆文章形成明显 253
的对比。1941 年 1 月陆军省＊编纂的《战阵训》†和 1941 年 7 月
文部省编纂的《臣民之道》，均被视为军国臣民应具备的德目，
不但受到大肆赞扬，甚至还强迫灌输，把它当成小学生理想教

＊　战前日本不是陆海空三军制，而是陆海二军制，军队由陆军省和海军省统管。
†　指战场训示。

育的根本。《战阵训》是在当时陆军大臣东条英机的监督下编纂的，他提出明显不同于明治初期发表的《军人敕谕》的观念：士兵要绝对服从天皇，不可被活捉；同时暗示士兵的家属，必须要有觉悟，有时候因某种状况，战殁者的尸体仍无法送回家中。教师们将这种观念作为军国国民的德目，强迫灌输给小学的少年男女，正好扮演着相当于军队组织的上级角色。在学童们于战后发表的疏散感言中，适时保护儿童的慈祥老师仅占少数。这类扮演上级角色的教师们，在 1945 年 8 月 15 日这天突然"见风转舵"的举动，无形中让这些学童对叛离目标的教师们留下难忘的印象。[8] 有趣的是，学童们过去使用的教科书，不只教导修身的，连历史、地理、自然科学的教科书，也必须把赞扬日本国家体制的内容全部涂黑之后，才准予使用。除此 254 之外，先前教导学生为了维护国家体制随时要有"玉碎"觉悟，并且在背诵敕语时稍有差错便加以痛殴的教师们，现在却把确实可靠的科学理念当成占领军直接传授的真理，灌输给学童们。日本投降时，六岁至十五岁的儿童和少年，大都不信任上述的成年领导者，其后这种观念也用来质疑这些领导者。他们强烈质疑占领军的声音也值得我们注意。1960 年，战时领导者岸信介出任首相，重新缔结《新日美安保条约》时，他们便组织起体制外的主要抗议团体。5 月 19 日，岸信介及其带领的自由民主党，在众议院以多数表决通过日美军事同盟的议案，这是合法的法定程序。在野党强烈要求再三讨论这个议案，但岸信介首相却认为不能再等，因为他准备配合美国总统艾森豪威尔（Dwight David Eisenhower）访问日本的行程，把通过的日美军事同盟当成礼物送给艾森豪威尔。岸信介采取的手续虽然合法，但是由战时的内阁大臣，也就是现在的首相，以多数党为恃而强行通过的军事协定，终于唤起民众史无前例、自发而广泛的愤怒。抗议的群众包围国会长达一个月之久。根据报道，事态达至顶点的 6 月 4 日，在日本全国举行抗议示威的群众有 560 万人。众议院通过此案生效的 6 月 18 日，有 33 万人包围东京的国会。这可以说是日本历史上规模最大的抗议国会行动。在这场抗议运动中，学生团体在三天前的 6 月 15 日闯进国会，东大女学生桦美智子（1937—1960）在学生团体与警察机动队爆发的冲突中死亡。当时艾森豪威尔总统已在访日途中，并已抵达菲律宾，当他得知桦美智子的死引发强烈的抗议运动之后，遂取消访问日本的计划。岸信介首相也因而被迫下台辞职，但是《新日美安保条约》已通过立法，日本牢固地被置于美国的核保护伞之下。

那时候，日本和中国的"战争状态"尚未结束，也没有签订和平条约。在这种状态下，又在冲绳设置美军基地，从当时中国的立场来看，整个日本正隐藏在冲绳的背后，无疑对中国形成军事威胁。这个事实的认定，导致日本有史以来规模最大的抗议政府行动。我们要问，当时都是些什么样的人士参与抗议行动的？粗略而言，在抗议运动风起云涌的 1960 年，过半数的日本国民都有经历十五年战争的记忆，而这些记忆从日常的沉睡状态中重新被唤醒。[9] 整体来说，参加抗议的学生和市民，并不是回应国会里面左翼政党的呼吁，才参与抗议行动的。在学生中，最激进的团体当属"共产主义者同盟"，这是一个独立于日本共产党之外，并与之持批判态度的组织。在这场叛乱中，无论是共产党还是社会党，他们对抗议行动的影响力可说是微乎其微。反对运动的高潮，随着岸信介辞职，池田勇人出任首相之后，渐趋平缓下来。众所周知，池田勇人向来以身段柔软著称，他的主要政策在于如何提高日本国民的所得。反对运动至此偃旗息鼓，显示出大众的抗议并非基于意识形态，而主要是源于岸信介首相必须负起十五年战争的责任，以及日本人愧对中国人的罪恶感，撕破了旧日伤痛所致。这个抗议运动最具象征的女性——桦美智子，去世时才二十二岁，是东京大学日本历史研究所的学生。战争结束的时候，她仅是七岁的小学二年级学生。[10]

另一个同属于共产主义者同盟，代表当时激进主义学生的　　257
是柴田道子（1934—1975），她写出了日本第一部以学童疏散为主题的小说《来自谷底》（1959）。当时，有读者写信告诉她"被歧视部落"＊长期以来在日本遭受歧视的惨境。她在查访和记录被歧视部落民众的心声以后，写成《被歧视部落的传承与生活》（1972）一书。当发生"被歧视部落"出身的青年，被控涉及强奸杀人案的"狭山事件"†时，她倾尽全力营救这名青年，动员组织向有关当局抗议，但却在1975年因旧疾气喘复

＊　指过去受迫害、歧视的特殊部落，受封建社会遗留偏见的影响而无故遭歧视的地区。

†　1963年5月1日，埼玉县狭山市发生了川越高中高一女生遭绑架杀害的命案。同年5月23日，出身"被歧视部落"的青年石川一雄（当时二十四岁）被控涉嫌遭到逮捕。一审被判死刑，被告律师团坚称被告无辜，要求重审，但后来仍被判处无期徒刑。被告于1977年入狱服刑，1994年假释出狱。这事件又被称为"狭山歧视性审判"。

发而死。当1960年的抗议运动走向式微，整个日本沉浸在经济繁荣的氛围里，许多早年参与抗议运动的人，都被埋进寻常百姓的日常生活中了。但是柴田道子仍在自己的道路上前进，持续支援少数团体的运动。占日本社会压倒性多数，并具有中产阶级意识者，始终排挤着这些势单力薄的团体。柴田道子婚前是一名公司职员，后来成为律师的妻子。战争结束的时候，她仅是十一岁的小学六年级学生。确切地说，桦美智子和柴田道子无论在其所属的激进派团体内，或就领导整个战后日本的年长领袖而言，她们已经从服从男性领导的制约中超脱出来了。[11]

今天，新的一代已经出现，比那些在日本投降及战后不久读过涂黑教科书内容的人，还更加年轻。在战争期间长大成人和战后成长的世代间，约有十年左右的世代差异；这些年轻的世代，今后仍会对年长的领导者抱持不信任的态度吧。其实，这些年龄层的人无关乎是无党派或激进派，不信任感已成为他们的心理特征，而且在今后数年的日本社会里，这个年龄层将扮演重要的角色。[12]

根据曾参与劳工运动组织的大野力指出，逃出都市空袭的日本人有两种类型：第一种类型的人，因为强烈感受过战争的残酷，在战后对反战运动都抱持强烈的道德意识；第二种类型的人，则因为目睹自己的家屋轻易地被战火烧个精光，以至衍生出今后要培养兴建不易烧毁住房的技术之动机。战后成长的世代在这两种类型中，比较接近战争时期成长者之中的第二种类型，换句话说，他们较具"技术心性"。[13]

1977年，文学评论家江藤淳（1933—1999）一再主张，

1945 年 8 月 15 日发生的事，对日本这个国家并非是无条件投
降 [14]，因为日本接受《波茨坦宣言》，所以日本政府的决定是   259
有条件的投降。在江藤淳看来，那些把日本无条件投降当成前
提而展开所谓日本战后文学的主流作品，全是赝品，它们将在
现今明显事实的强光照耀之下逐一溃散！对出生在战后的 60
年代以后，并在经济繁荣中度过安定生活的年轻一代来说，江
藤淳是一个极富魅力的文学评论家。他欲极力批判的是，以《近
代文学》为首的作家们所写的，代表日本战后文学主流的作品。
江藤淳选定的主要论敌就是撰写《转向文学论》(1957) 和《简
明战后文学史》(1966) 的本多秋五 (1908—2001)。江藤淳
逐一点出战败后许多评论家没能看出的若干细微事实，并认为
无论是胜者或败者，都应该把《波茨坦宣言》的条件当成基准
并加以遵守。可是如国际法学者高野雄一所指出的，《波茨坦
宣言》中约定的日本民主化，是同盟国对日本提出的不可克减
的条件，而不是日本和同盟国谈判的结果。[15] 因此，日本无
条件地接受《波茨坦宣言》所定的投降条件，以及承诺陆军和
海军的无条件投降，正是这个事实的留存。进一步说，同盟国
和日本都意图把 1945 年 8 月 15 日发生的事实，当成日本的无   260
条件投降。后者，也就是日本政府方面对 8 月 15 日的事实认定，
已清楚表现在 1945 年 8 月至 1946 年间，日本报纸杂志刊载的
各类意见上。其中，有些文章使用 "无条件投降" 一词，占领
军当局也未予否定。正因为同盟国领导者执着于"无条件投降"，
所以从军事观点来看，才使得战殁者的人数增加到不必要的地
步，这个事实正是李德·哈特在《第二次世界大战战史》中强

烈主张并视为整体的结论。他在该书最后一节这样写道：

> 于是这场"不需要的战争"，被不必要地延长，更有数
> 百万计的生命做了不必要的牺牲。而最后的和平仅足以产
> 生新的威胁，和对于另一次战争的恐惧。为了迫使对方"无
> 条件投降"，而使第二次世界大战做了不必要的延长，其
> 结果只是使斯大林坐享其利——开辟道路好让共产党支配
> 中欧。

江藤淳的论点目标，主要着眼于那些没有战争记忆的日本新生代读者，比起战后活跃的文学评论家，他能够用更高的敬意看待明治以后的日本遗产。仔细分析战争期间的事件，刚好可以凸显明治以后的传统及其未竟之处。针对本多秋五的批评，江藤淳已借由否定日本无条件投降，引起了双方支持者的论战。依我看来，他的论点今后将会通过世代间的对话被延续下去。最后一提，以上的论述纯属我个人的见解。

261

十三　回顾

1979 年 12 月 6 日

我在接触日本战争时期精神史的时候，都把重点集中在"转向"的范畴，或许这可说是我研究"转向论"的方法吧。有个学者曾试图对学术方法的过度烦琐提出警告，并故意提倡所谓"松果学"*的创新之见，也就是对各种类型的松果，进行严密分析与分类的方法。也许在各位看来，"转向论"和"松果学"同样是毫无益处、令人烦琐的论述。不过对我而言，所谓"转向论"，或者更简单地说，研究转向，是了解自我所处的位置之后，在尝试探察周遭知识环境时，对我帮助甚大的方法。这不仅有助于我论述和评价战后的日本，也同样帮助我论述和评定明治以后的日本。尤其在理解日本以外的各国文化思潮发展过程中的事件时，这种方法对我而言更是一种指引。

这也可以把它扩展为比较转向论。姑且不论好坏，只要国

---

* 松果，意指学术。

家强制力的运作和个人的自发行为并存时，在这两种力量的交互作用下，自然而然就会产生各种形态的"转向"。

有时候我也觉得自己的方法是失败的，但我仍尽全力把"转向研究"限定在用记录的方式，以此来对照国家权力的动向和个人选择的轨迹。这种实例研究，有助于预测和厘清我们即将面对的各种困难。

这里有一本莉莲·赫尔曼（Lillian Hellman）在 1976 年出版，题为《无法安眠的时代》的书。[1] 这本书主要描写当时的美国参议员麦卡锡，在战后整肃共产党分子的行径。1952 年，莉莲·赫尔曼收到必须向众议院非美活动调查委员会 * 报到的命令，同样遭到传唤的有剧作家克利福德·奥德兹（Clifford Odets）。去众议院之前，他邀请赫尔曼在一家叫巴尔贝塔的餐厅用餐，他说："仔细听好，我教你怎么应付委员会那些家伙，最好让那些家伙看清楚：什么样的人才是激进主义者。"奥德兹是 20 世纪 30 年代以《醒来歌唱》（*Awake and Sing*）这出戏剧闻名的左翼作家，也是鼎鼎大名的德裔电影女星路易丝·赖纳（Luise Rainer）的丈夫。后来，他写了一出叫《金童》（*Golden Boy*）的戏剧，由威廉·霍尔登（William Holden）主演，并搬上银幕，在我学生时代是一部非常有名的电影。[2] 但是在莉莲·赫尔曼应讯的前一天，奥德兹却已现身在众议院非美活动

267

---

* 众议院非美活动调查委员会（House Un-American Activities Committee）是美国众议院的调查委员会。1938 年成立时，是为了监察美国的纳粹地下活动。战后转为调查并整肃与共产主义活动有关的个人和组织。20 世纪 50 年代通过查禁书籍、杂志、电影、戏剧等，以及剥夺许多娱乐业人士的工作权，进行意识形态审查。——编注

调查委员会里，在会中他为自己过去的错误信念致歉，并做证指出他的许多朋友都是共产党员。莉莲说："所以，我愈来愈搞不懂他在巴尔贝塔餐厅讲的一席话。那天晚上，他也许相信自己对我说的话。可是几个星期过后，在面对可能牺牲自己在好莱坞的前途时，他只好改变自己的决定。我忍不住要说，陈腔滥调现在愈来愈大行其道了！电影制片厂的主管们都知道，对许多人来说，要舍弃自家庭院的游泳池、网球场、收藏的名画，以及面临即将到来的贫困，无非是极其痛苦之事，所以他们就拿它充当有力的武器。"

几个星期之后，导演伊利亚·卡赞（Elia Kazan）向赫尔曼表示，他打算到非美活动调查委员会充当"合作的证人"，因为若不这样做，他就没办法继续在好莱坞拍电影。

1952 年 5 月 21 日早上，莉莲·赫尔曼到非美活动调查委员会应讯。应讯时，她只回答有关自身问题的询问，凡涉及他人的询问，她一概保持沉默。在麦卡锡掀起猎共风潮的时代里，赫尔曼是第一个有所坚持的证人，因为她回答委员会的询问时，拒绝构陷他人入罪。在赫尔曼之后，也出现了像剧作家阿瑟·米勒（Arthur Miller）那样采取同样立场的人。[3] 另外，更有像达尔顿·特朗勃（Dalton Trumbo）那样决不妥协的硬骨头，由于当时他挂名所写的剧本已被好莱坞的高级主管拒用，只好借用他人之名继续撰写剧本。[4] 总之，在麦卡锡的猎共狂潮中，赫尔曼是第一个敢与之对抗的女性，因此可说是意义非凡。

赫尔曼在应讯做证之后，无论在个人生活或财务上，都蒙受巨大的损失。因此她必须卖掉持有的农场，在没有现金收入的情况下，过了中年，仍得在百货公司打工维生。当时，达希尔·哈米特（Dashiell Hammett）和她住在一起，他就是《马耳他之鹰》（*The Maltese Falcon*）和《瘦子》（*The Thin Man*）等侦探小说的作者。[5]哈米特因为拒绝做证举出"人权会议"等组织在筹募保释公积金时捐款者的姓名，而获罪入狱。

　　回顾麦卡锡猎共的时代，赫尔曼说出这样的感想："自从我第一次踏进国会的大门，以及后来在这时代发生的种种事情，我付出了巨大的代价。我对自由主义抱持的信念几乎丧失殆尽了，但相对的，我也得到了某种微妙的启示。我很难说清楚这种感受，姑且称它是一种'正直'吧。"赫尔曼还说，其他国家并没有像美国那样掀起所谓的猎共运动。她说到其他国家的时候，主要是指英国，但在她的脑海中，日本显然榜上无名。

　　在此，我想起大学时代的一个同学，在日本战败不久以占领军的身份到日本来，他告诉我："美国最恶劣的时代来临了。美国历史上即将出现第一个'大政翼赞会'。"当时，他们应该可以从日本的经验中学到教训。在这一点上，我这位朋友是颇具洞察力的，至少当时美国培养的所谓日本专家和日本学者智囊团，尚未培养出具有如此敏锐与气度的日本专家来！

　　话题再回到莉莲·赫尔曼。她最早的重要戏剧《孩子的时间》（*The Children's Hour*，1934）处理的就是何谓"正直"的主题。后来，作者却在现实生活中上演了这部戏剧。这是一出以同性恋为主题的戏剧，剧中描写两个大学时代为同学的女性经营一所私立学校，但她们却为学生人数的减少而发愁。因为有恶劣的谣言攻击说，学校的两名老师是同性恋者，使得学

269

270

校不得不关门大吉，最后甚至导致一名老师自杀身亡。那名老师在自杀前，告诉她的朋友，自己有同性恋的倾向。在活着的女老师为死去的朋友举行葬礼时，此前因听信谣言而远走的未婚夫，突然出现在这名女老师的面前，安慰她说，现在已证明那件事只不过是谣言云云。但只见这名女老师未理睬未婚夫便转身离去。对剧中的女主角而言，只听到同性恋的流言就一走了之的未婚夫，根本不是一个正直的人，也不值得她继续关注。这出戏剧的结构和它在剧中所展现的"正直感"，与作者身处麦卡锡猎共风潮中的处世之道极为吻合。

麦卡锡的猎共风潮也波及加拿大的牺牲者——E. H. 诺曼。查理·泰勒（Charles Taylor）所写的《六个旅程——加拿大的形态》对诺曼的一生有精辟的分析。[6]

诺曼是加拿大传教士的儿子，生于日本的农业地区。20 世纪 30 年代，他赴英国的剑桥大学研读，成为共产党研究会的一员。那是西班牙爆发内战的年代（1936—1939）。当时，在诺曼看来，共产主义是防堵法西斯主义唯一的道路。离开剑桥大学之后，他去哈佛大学攻读博士课程。他的博士论文《日本近代国家的形成》被选入太平洋问题调查会的专门论文丛书，并出版问世。这个时期，他的观点从共产主义转为自由主义的立场，他是抱持这种思想立场进入加拿大外交部的。日本投降之后，他旋即被派往日本协助占领军的工作。占领后不久，他在日本监狱和十五年战争期间贯彻"非转向"的共产党员会面。麦克阿瑟根据诺曼直接提供的资料，越级批判当时日本政府的政策，并下令释放所有战前即被日本拘禁的政治犯。在占领的

271

最早阶段，E. H. 诺曼在同盟国的管理中，是精通日语的少数人才，且能充分运用那些可作为判断基础的调查资料，当然具有很大的影响力。但是他的所有建议，最高司令官麦克阿瑟并非照单全收。例如，诺曼反对在东京大审中判决死刑。他认为对那些在这次野蛮战争中，必须负起责任的领导者所处的最重刑罚，以褫夺公职最适当。这种诗人般的正义感充分展现出诺曼的价值意识。

　　占领时期展现巨大影响力的诺曼，在往后的时代逆流中遭到了报复。在他担任加拿大驻日大使不久后，受到占领军内部左翼分子的流言中伤，而被加拿大皇家骑马警察讯问。获得清白之后，他被任命为新西兰的高等事务官。后来，加拿大政府得知诺曼的经历没有瑕疵，于 1956 年任命他为加拿大驻埃及大使。当时，正处于英、法为了苏伊士运河，对埃及大举进攻 * 所引起的混乱局面。加拿大总理莱斯特·皮尔逊（Lester Pearson）† 采取让联合国军队介入交战双方阵营，以维持和平的外交政策，诺曼为此成功地说服埃及总统纳赛尔（Gamal Abdel Nasser）‡，达成了任务。诺曼并未失去对埃及的理想之共鸣与支持。而加拿大登上世界的外交舞台，就是从这时候开始的。不过，在麦卡锡影响下的美国，又有了另一个理由搬出旧日流言。当时，美国参议院国内治安小委员会召开了一系列

272

---

* 指发生于 1956 年的苏伊士运河战争，是由英国、法国、以色列联军对埃及发动的战争。

† 莱斯特·皮尔逊，加拿大第十四任总理，因调停苏伊士运河战争，而在 1957 年获得诺贝尔和平奖。

‡ 纳赛尔（1918—1970），埃及第二任总统，倡导阿拉伯民族主义。

公听会。参议员们意有所指地认为，诺曼于过去盟军占领日本
时，在狱中会晤过日本共产党领导者，是基于他和苏联政府之 　　273
间的秘密协定。该委员会传唤诺曼的旧友们在公听会上做证，
主要目的是给他的旧识和朋友造成一种印象，认为诺曼就是协
助苏联恶毒秘密计划的爪牙！我们可以看出，召开这样的公听
会，是为了抹杀诺曼在埃及所做的努力。1957 年 4 月 4 日清晨，
诺曼从位于开罗的九层公寓楼顶跃身而下。他在留给哥哥霍华
德（Howard）的信中写道：

> 我正被目前的处境所压垮，觉得已经生活在幻影中太
久了。我自觉基督教是唯一的真理之路。请原谅我，因为
事情并不像表面那么糟糕。神知道那些事情太糟糕了。不
过，我从不曾违背我自己的忠诚誓约。可是因为交往而加
在我头上的罪，现在把我压碎了。
> 或许已太迟了，但我仍祈愿能得到神的宽恕。

诺曼在写给哥哥霍华德和兄嫂格温（Gwen）的第二项备 　　274
注中，再次为他的无辜补上一句：

> 很遗憾，我对基督的信仰不够强大，但这信仰在最后
的日子里，一直支撑着我。

我们从莉莲·赫尔曼和 E. H. 诺曼的例子可以得知，其实
转向的问题不只发生在战时的日本境内，也发生在资本主义的

国家，像苏联的布哈林、索尔仁尼琴和中国的老舍的遭遇就是最好的明证。在这之前，我很少引用日本以外的例子，但我认为通过与国际实例的比较，将来较能带来具体成果。在我们探讨日本现代史的短暂时间里，日本战后转向的现象，比起 20世纪 30 年代德国共产党员的转向，更接近于同年代的法国和意大利共产党员转向的轨迹。在战后的日本，激进派学生并没有从一个极端跳向另一极端的倾向。这种分类是根据加布里埃尔·亚伯拉罕·阿尔蒙德（Gabriel Abraham Almond）在《共产主义的魅惑》中所整理的分类法。[7] 之所以有这种变化，是因为日本的社会结构在日本投降后，发生了根本的变化。整个社会对那些极力批判现存秩序的激进者，不再长期监视或在意识形态上予以歧视，而是采取更柔性宽容的态度。

275

要探知是否有"转向"之实，有许多种方法。一种就是日本共产党在面对党员转向时所采取的方法。在他们看来，凡是脱离本党思维逻辑的党员，就是转向和背叛，亦即没有运用科学的观点来掌握社会现状。日本共产党只把"转向"限定在20 世纪 30 年代发生在日本的特有现象，他们认为：这是绝对主义式半封建主义的天皇制与共产党员在斗争中发生的事态。这时候，所谓的转向，是指激进主义者屈从于天皇的权力，没有成功地运用科学的观点掌握 30 年代的日本状况，同时又偏离基于日本共产党方针，应明确指示普罗大众的阶级观点。吉本隆明试图对既定的转向观点提出反论，在他看来，所谓的"转向"，就是知识分子投身现代日本社会结构中，进行思考失败后，在知识分子间造成的观点转移。吉本隆明通过这个定义，把无

法有效解决 30 年代的所有状况，都纳入转向的范畴。这时候，
"转向"便成为一切非有效思考的另一代称，其中还包含共产
党员在狱中进行的"非转向"。我则把"转向"看成国家行使
强制力的结果——在个人或某团体中造成的思想变化。这可作
为一种指引，以便记述各种状况下发生的不同形态的"转向"。
为了找出"转向"的特征，我们可以记述国家权力的特质及其
如何行使强制力，和个人回应国家暴力时的思想变化。至于"转
向"本身在本质上是好是坏，不以这种定义来判断。然而，在
我记述战时的"转向"时，我一直希望能够从转向后出现的各
种思想中，看到意义丰硕的事物。而指引我思想的，就是孔子
《论语》中的那句话："观过，斯知仁矣。"

　　现在，我再归纳一下上述的话，我们探讨的问题是 1931
年至 1945 年战争时期日本的思想历程。在这十五年期间，军
国主义和法西斯主义支配着日本。日本政府不努力在日本内部
进行社会改革解决困难，却选择了用军事向外扩张的道路。这
是政府采行的国策，而配合这些国策使其理论和正当化的任务，
便落在日本知识分子的肩上。为了达此目的，日本政府甚至动
用包括下狱在内的各种强制力。方法上，下狱之所以奏效，在
于政府领导者巧妙地利用长期成为日本传统的锁国性格。这种
传统的根源，可以追溯到实施近代化之前的德川时代。"邻组"
制度的引进便是其开端，流言和思想的自由表现从此受到钳
制，大众舆论也逐渐被规格化。在这种"舞台装置"中，先前
的激进派和以进步思想自居的东大新人会轻易地屈服了，甚至
改变自己的思想，为军国主义和超国家主义的国策宣传。这就

是 20 世纪 30 年代"转向"最普遍的形态。

　　十五年战争期间，持续的抗议和抵抗仍可见诸其他地方。在此，锁国性格的传统以另一种方式复活。众所周知，北一辉和权藤成卿都是日本超国家主义的理论家。[8]北一辉提倡利用天皇的军队促使国民的收入平等化，并在天皇的名义下，使日本走向社会主义化。正因为主张这种思想，使他于 1936 年 2 月 26 日，被套上与改革派军官谋反事件勾结的罪名，而遭到处死。就权藤成卿而言，他所主张的传统式国家主义在于恢复旧有的习俗，以便使衣、食、住得到确保。他把基于彻底农业化的自治，当成超国家主义的思想基础。权藤成卿的理论不仅和被视为保守学者的柳田国男的理论有密切关联，也跟明治后期最早的社会主义幸存者——同时也是无政府主义思想家石川三四郎渊源颇深。在东大新人会方兴未艾之际，石川三四郎用不同的方式来诠释新人会成员高喊的"民主主义"口号。他把"democracy"翻译成汉字的"土民主义"，意思就是依土地生活的自治。他对"民主主义"的解释，和当时的学生运动形成对立。由于石川租了 600 坪的土地种菜，才得以在漫长的战争时期维持自己的生活，一直活到八十岁。甚至在七十岁那年，自己还爬上高处修理屋顶。因为这种自给自足的生活，使得他不必只靠写作来确保自己的生活所需，也不必在战时的著作中附和政府的国策。他劝私下前来向他求教的访客，采取逃离军队或非暴力怠工的方法。[9]柏木义圆也是明治时代社会主义的幸存者之一，他当牧师维持生计，通过他主编的小型刊物《上毛*教界月报》持续批判中日战争。[10] 这份杂志时常遭到查禁。不过，由于他敦亲睦邻和亲切待人，直到死前仍受到镇民们的爱戴，这并不是因为他的非战思想，而是来自他温和的品格。出身律师的正木昊[†]持续出版个人杂志《接近》[‡] [11]，他在杂志中彻底追查战时一名嫌犯被警察拷问致死的经过，最后证实警方确有刑求之实。[§] 他的批评时常集中在特定的焦点，用实证的方法加以检证。因此，他才能持续出版《接近》直到战后的岁月。桐生悠悠也是在死前通过一份小刊物持续批判战争的独立新闻记者之一。[12] 另外，辻润这位大正时代仅存的达达主义者也值得注意。他公开表示，从不相信大正时代以来的政治口号，更不相信任何政治上的意识形态。外来的各种进步思想就像头垢般从他的头上掉落下来，可是政府强迫灌输的军国主义也没有占据他的脑海。他手拿洞箫过着乞丐般的生活，在战争末期因饥饿而死。[13]

　　上述的例证也可作为无效的社会主义和无效的自由主义的例子。但这时候，我们必须记住，正是这种试图对状况发挥作

---

*　上毛为"上毛野"地名的略语，即上野国的古称，现今的群马县，也就是该刊物的创办地，该刊物由"上毛教界月报社"出版。

†　正木昊（1896—1975），律师，二战前批判军国主义，战时以 1944 年的告发警方暴力办案的《无头事件》一案知名，战后致力于反权力的审判和冤案。为方便，署名多用名字"昊"的读音 HIROSHI 之平假名——正木ひろし。——编注

‡　批判时局的杂志。1937 年创刊，1949 年 10 月停刊，共出版 98 期。

§　指著名的"八海事件"。1951 年，山口县有个老妇人惨遭杀害，一名青年遭警方逮捕后旋即被刑讯逼供，该青年因不堪拷问，供出四名无辜的童年玩伴。正木昊见义勇为担任其辩护律师，他们四人终于 1968 年 10 月获判无罪。另外，为了证明警方确有刑求导致该名青年嫌犯致死，正木昊带着医生至墓地开棺，断其头颅化验（被称为"断头验尸案"）后，警方败诉。

用的欲望，才使得众多大正时代的自由主义和社会主义的代表性评论家，变成十五年战争期间军国主义和超国家主义的领袖。这些无效的抗议和抵抗的各种方法，都是试图恢复明治以前锁国时代文化传统所做的尝试，而这个传统始终留存在东条英机政权无法铲除的思想和感情深层里。因此，这些方法才得以在战时的锁国状态中，以另一种锁国状态保存下来。而且这种锁国状态的传统，在日本投降及被盟军占领后的和战时截然不同的状况下，仍显示出一条可以充实获致发展下去的道路。

日本只有小得无法与美、俄超级大国相比的军备，绝不能仰赖军事的强制手段，必须寻求和其他国家进行贸易。这种展望可以避免战时利用锁国状态，走向军国主义的凝聚和向外扩张的道路。但无论是留在日本的大批朝鲜人、战争期间比本土居民遭受更大灾难打击的冲绳住民，或身受原子弹贻害的受难者，他们对作为精神遗产的十五年战争，都持否定的态度，而这种战前日本人不敢想象的态度却有助于改造锁国状态的传统。战争期间高倡的思想方式，在获致足以与源自西方思想的体系较量的自信后，进而把日本的传统美化成绝对的普遍原理。这是扭曲日本传统导致的结果。事实上，日本传统有一种特征：无论在任何地方或任何时代，都避免用同一种方法去结合或束缚他人。这种消极的特性也是日本思想的长处。不勉强的、以普遍的原理看待事物，在日本的村落培育出一种传统：只要对方是村中的住民，就不会因其思想有异而排斥他。经由集中解决目前的具体问题，面对地球上不同民族间的思想互动时，我们用日本人的作风——沿袭日本传统的方法，或许可以发挥作

280

281

用。这是在西方各国知识传统的基准下，不大受到尊敬的另一种知性状态。

莉莲·赫尔曼受到参议员麦卡锡的攻击后发现，美国知识分子间的自由主义传统是何等薄弱。毋宁说，她姑且不管对方是知识分子与否，某些人和她身上具有的那种"正直感"更值得她去信任倚靠。现在，说不定她跟我有相同的感受。我认为，通过生活方式互动所得的正直感，远比知识分子操弄的意识形态更具重要的精神意义！

后　记

1979 年 9 月至 1980 年 4 月，我得到日本国际交流基金的
赞助，前往加拿大魁北克省蒙特利尔市的麦吉尔大学讲课。我
把前半的英文讲义译成日语，用口述的方式录成卡带，再请稻
垣寿美子整理出来，便成了这本书。

原讲义的内容并未更动，现在觉得该补充的，都以注释的
形式加上。

讲课自然会受到听课者的影响。听课者虽然只有十人左右，
但面对这些反应热烈的听众，是我过去在大学授课时未有的经
验。因此，我努力让授课内容符合他们的要求。

在此，我要感谢这一年来教室的人：借给我场地的麦吉尔
大学东亚研究中心的林达光、萨姆·诺莫夫、沃尔德·格迪斯，
英文系约翰·隆兹利诸位教授，让我享受蒙特利尔快乐生活的
麦吉尔大学历史系太田雄三教授，以及蒙特利尔大学东亚研究
中心图书管理员加藤典洋先生。

我是在美国度过十五岁至十九岁这段时光的。那时遇上美 288
日爆发战争，我经由俘虏营，搭乘交换船回到日本时，已经满
二十岁。战争时期的日本对我冲击非常之大。战后在日本生活，
我曾一度放弃英语，但后来兴起借由英文追述当时的冲击，再
试着把它译成日文的念头。我由此获致了日文和英文在我心中
对立和互助的经验。

从十六岁到十八岁，我寄居在美国的杨格先生的家里。无
论是在战争期间或在战后，我一直惦记着那段时光。这次我来
加拿大短期讲学期间，杨格夫人和次子查尔斯·杨格（我的老
同学）造访蒙特利尔，这是我们暌违四十年后的重逢。这四十
年来，我希望能由这本书表现出来。

在我寄居时期，杨格先生一家共有五人，现在只剩下杨格
夫人和查尔斯二人。在此，我要将这本书献给：包括逝者（汉
特夫人、克尼斯、南希）在内的杨格先生全家。

感谢稻垣寿美子和高村幸治先生在制作本书时的辛劳。

1982 年 4 月 15 日

鹤见俊辅

注　释

一　向1931年至1945年的日本趋近

1. 为了方便授课，我省略掉参考文献的出处，现在以"注"的形式补充一些。　　　　　8

　　我探讨"转向"的文章得助于"思想的科学研究会"编的《共同研究·转向》上、中、下（1959—1962）甚多。此书的改订增补版（1978）由共同研究的成员自行修正观点并评定新资料。对增补版提出批判的是出席我这门课程的学生，他先用英文撰写，后来用日文发表。从这批判中，我受益良多（见辻信一，《转向论的新地平线》上、下，《思想的科学》1981年5、6月号）。　　9

　　这种批判是从笔者居住的加拿大亚洲少数民族间的转向经验中所得，鲜明地展现出转向研究可能存在的各种观点。

　　在"思想的科学研究会"的共同研究之前，已有本多秋五的《转向文学论》（1957）；与共同研究同时进行的论述中，对我们最具冲击的有吉本隆明的《转向论》（收于《艺术的抵抗与挫折》，1959）。

2. 有关1931年至1945年的战争时代，到底是日本近代史上不太重要的时期，抑或是理解近代日本的重要时期，已成为现代日本论的争议点之一。关注的焦点不同，所走的路线自然不同。

　　1963年，我当时任职的同志社大学曾邀请美国大使赖绍华（Edwin O. Reischauer）举行讨论会，针对赖绍华主张尽量不要把1931年至1945年看成是日本军国主义时代的观点，我曾提出若干异议。由此看来，美国统治阶层的观点和日本统治阶层的观点，在这一点上几乎一致。当时出席的有：奥蒂斯·卡里（Otis Cary）、赖绍华、猪木正道、坂田吉雄、鹤见俊辅等。会议记录《日本的民主主义——　10 过去·现在·将来》，刊载于《日美论坛》1963年6月号。

3. 在我的童年时代，战争的信息纷沓杂来，比如"九一八事变""一·二八事变""七七事变"、大东亚战争等等，从主观上掌握信息容易造成战斗行为是零散进行的错觉。我是在战后才觉得（这种印象）有点奇怪，因此，我认为把它当成有其连续性的战斗行为比较接近事实（不是我意识上的事实）。

　　如此大言不惭，又尽举些小事论证，实在有点惶恐。不过，当时大为畅销的远山茂树、今井清一、藤原彰合写的《昭和史》（1955）的书腰上，标出"短短三十年，我们经历两次战争！"的警语。我认为这样看待昭和史并不妥当，于是写了一篇文章《日本知识人的美国观》（刊于《中央公论》1956 年 7 月号），批判这本《昭和史》的书腰文字（不是批判内容），希望在现代史中把 1931 年至 1945 年的战争界定为一个整体来看待。

　　我想出"十五年战争"这个名称，得自于西格蒙德·诺伊曼（Sigmund Neumann, 1904—1962）著《现代史——指向未来的路标》（1946）这本书的启示。这本书用"三十年战争"一词，来指称两次世界大战间的整个时期。后来逐渐有人开始使用"十五年战争"一词。正如家永三郎在《太平洋战争》（1968）序言中所述，他就是采取"十五年战争"这种划分法的。　　　　　　　　　　　11

　　至于我为什么使用"十五年战争"一词，我在《日本知识分子的美国观》一文已经表明，亦即把太平洋战争或大东亚战争看成是对美国的战争并不恰当，因为这种战争观点无法掌握这次战争的结构，而且这样会使日本人淡化战争的责任。

　　根据目前调查，最早使用"十五年战争"一词是在《知识分子的战争责任》（刊于《中央公论》1956 年 1 月号）这篇文章，解释其创词来源的是拙作《日本知识分子的美国观》。

二　关于转向

1. 有关战后日本人对于华族制度一致的舆论，笔者得自于苇津珍彦（见苇津氏，《尊王攘夷是？》，收入鹤见俊辅编《传承战后史 2》，1969）。苇津珍彦的《时光的流逝》（1981），收录苇津氏自战败以来在《神社新报》续写的时论。其中一篇谈及华族制度，他总结战后七年间的舆论这样写道：　　　　　　　　　　　29

　　"作为明治宪法的支柱，而在社会条件中被消解的著名事例之一，就是华族制度。明治宪法的议会制度是建立在贵、众两院的制度上；没有华族制度的前提，贵族院就无法成立。然而，在战后得知所谓'斜阳族'〔译者按：语出太宰治的小说《斜阳》，指没落的上流阶层〕真相的国民们，终究不会同意华族制的复辟。其他种种社会条件的变化也难使它复活。纵使修订宪法时坚决强调明治宪法优点的人，现在也不再主张应恢复原来的条文，顶多只想恢复其优点，以制定出新构想的制度。"（《讲和生效后的困难问题，宪法全面改定论的预期》，1952 年 4 月 7 日号）。

2. 罗纳德·多尔（1925—2018），《学历社会——新文明病》（原著：1976；日译本：1978）。有关明治以前的论述，有多尔的前著《江户时代的教育》（原著：1965；日译本：1970）。

3. 关于东大新人会，是出自 1969 年 1 月 19 日，约 90 人的旧东大新人会成员，集合参加纪念新人会创立五十周年聚会时的发言记录（石堂清伦、竖山利忠编，《东京帝大新人会的记录》，1976）。

　　另有美籍历史学家亨利·德威特·史密斯（Henry Dewitt Smith）发表的《资　　30
料的丛林——追踪新人会》（《劳动资料》1968 年 1 月号），文中论及"思想的科学
研究会"编《共同研究·转向》所收录笔者的论文《后期新人会员》，他的调查指出，
我在文中列出的 55 人中，至少有 14 人不是新人会的成员，两人身份不详。史氏
根据这调查写成《亨利·德威特·史密斯二世：日本第一位激进分子》一书，于
1972 年出版。后出版日译本：《新人会的研究——日本学生运动的源流》（1978）。

4. 对于佐野学和锅山贞亲等的共同声明已"把自己的转向视同为党的转向，在领导
上显露出这种病态"，藤田省三作如下表示："他们开始活动时，身兼 1927 年纲领
的支持者，以及负责实行该纲领的领导者的身份；但他们在转向之后，还试图要
领导党政，到底是怎么回事？他们个人的转向是他们自己的自由，可是转向的方
式及形态应该受他们所处的公共立场所制约。他们应该在转向的同时辞去他们领
导人的地位。至少必须在事后提出退党声明，然后才能提出天皇制社会主义运动
的纲领。"（藤田省三，《以昭和十五年为中心的转向情况》，《共同研究·转向》中卷，
1960）

5. 内务省警保局编，《昭和九年关于社会运动的状况》，1935。

6. 池田克，《左翼犯罪的备忘录》，收入中央公论社编，《防范科学全集》第 6 卷《思
想犯篇》（1936）。

7. "转向"一词的诞生，出自藤田省三，《以昭和八年为中心的转向情况》，收入《共　　31
同研究·转向》上卷（1959）。

8. 池田克、毛利基合著，《思想犯篇》，《防范科学全集》第 6 卷（1936）。

　　池田克（1893—1977）于东大法学院毕业后，1917 年历任候补司法官、司法
省刑事局长，在 1946 年 7 月经〔盟军〕解除最高法院检察次长职之前，为思想检
察官系统中的核心官僚，十分活跃。战后开业担任执业律师。1954 年 11 月被任命
为最高法院法官，至 1963 年退职（《现代人物事典》，1977）。

9. 转向的主因是因为大众的孤立。吉本隆明的转向论中有精辟的分析，见吉本隆明
的《转向论》（1959）。

10. 司法省保护局，《关于思想犯保护对象的诸调查》，《司法保护资料》33，1943 年 3 月。

11. 本多秋五，《书评——"思想的科学研究会"编〈共同研究·转向〉上》，《思想》
1959 年 7 月号。

　　该书评指出，"思想的科学研究会"的转向研究因为摆脱以往对转向负面评
价的判断，因而获得了新的视野；同时也指出正因为这种观照方式而失去观察力。

　　辻信一的《转向论的新地平线》，含有对身体的自我意识（亚洲人第二代、
第三代的）观点。同样从身体论来讨论转向，指出"思想的科学研究会"共同　　32
研究的缺失的有松本健一的《转向论的基础是什么——关于鹤见理论与吉本理
论》（《现代之眼》1981 年 3 月号）。这篇文章把转向论置于市川浩、津村乔、菅
孝行等提出的脉络中。该期《现代之眼》刊有菅孝行、松本健一、冈庭昇、中岛
诚、饭田桃、笠井洁、高桥敏夫等人参加的研讨会讨论记录《现代转向论是可能
的吗？》。

三 锁国

1. 折口信夫，《日本文学启蒙》（1950）；《折口信夫全集》第 12 卷（1976）。　　　50

　　　　池田弥三郎，《日本艺能传承论》（1962）一书，对折口信夫所提的假设进行广泛的资料查考，内容更加确定。

　　　　不仅是日本的表演艺术，古代的文学也源自宴会中的对话。现今，日本的许多地方或祭典中仍可找到其原型的痕迹，在折口信夫的著作中时常提及。

2. 伊藤整（1905—1969）听到对美英宣战诏书后，有如下感想：" ……听到这件事后，我倚靠在地下室白色墙壁的凹陷处，仿佛全身突然被冷水浇湿了。没错，在我看来，确保民族的优越感驱使着我们，而这正是必须的作为。这场战争并非政治的延长，或与政治'表里相关'，而是为了由衷地相信大和民族在地球上是最优秀的民族，迟早必须一战的战争。"（伊藤整，《我的知识阶级——为了不让这感动消退》，刊于《都新闻》，1941 年 12 月 14 日）。　　　51

　　　　我并不是为贬低伊藤整的作品才援引这篇文章。在战前，伊藤整即因翻译乔伊斯和劳伦斯评论集《新心理主义文学》（1932）和长篇小说《典子的生存方法》（1941），以知性主义者、自由主义者闻名；战后更以纪实小说《裁判》（1952）、长篇小说《泛滥》（1958），获得日本代表性知识分子的崇高地位。但是在他听到对美英宣战书时，仍不免落入锁国性的局限中，像这样表明与战前、战后截然不同的思想面向，正反映出日本知识分子的精神轨迹。

　　　　这种现象既是大正时代的知识分子想象不到的，也是高度成长期的现代知识分子难以想象的。

3. 伊藤整于 1952 年开始动笔，最后仍未完成的《日本文坛史》，由濑沼茂树续写后出版（讲谈社）。

4. 小泉信三，《海军主计上尉小泉信吉》（1946、1966）。

5. 加藤周一，《日本文学史序说》，《加藤周一著作集》第 5 卷（1980）。　　　52

　　　　通过忠臣藏电影的分析，只使用日常用语尝试进行"日本人论"的先驱作品是佐藤忠男的《赤裸的日本人》（1958）。其后，佐藤在《忠臣藏——志气的系谱》（1976）中，做了更正确的考证。前作只以忠臣藏为资料，赤手空拳地写出非专家立场的社会学，其气魄令人折服。

6. 长部谨吾，《关于对思想犯的保护》，收入《司法研究》21：10（1937 年 3 月）。

　　　　长部谨吾（1901—1991），1925 年东大法学院毕业，任职日本兴业银行，1926年司法官考试候补，走上法官之路。战后历任最高检察厅次长检察官、最高法院法官。

7. 守田志郎（1924—1977）的《日本的村庄》一书（1978），起初以《小小的部落》为名，1973 年由朝日新闻社出版。

8. 中野重治（1902—1979），福井县人。就读四高，1927 年东大文学院毕业。参加创立"全日本无产者艺术联盟"（ナップ）。1931 年加入共产党。1934 年以退出共产主义运动为条件获释出狱。小说《村中的家》发表于 1935 年。1945 年 11 月再次加入日本共产党。小说《五脏六腑》发表于 1954 年。1964 年遭共产党除名。

四　关于国体

1. 引自桥川文三的《国体论的联想》一文（《展望》1975 年 9 月号）。吉田松阴〔即吉田寅次郎〕与山县大华的论战如下："……道为天下公共之道，同也；国体为一国之体，独也。君臣父子夫妇长幼朋友，五者天下同也；皇朝君臣之义，如卓越于万国者，一国之独也。"吉田松阴这样阐述自己的国体论，当时代表长州藩的儒者山县大华，则归咎"国体"的用语只具水户学的怪异性质，又说："道为天地间之一理，其乃天理所生，我与人无差，我国与他国亦无别。""天地以阴阳五行之气生成人物，而后以阴阳五行之理蕴藏其中。此理即为人伦五常之道。此为天地之间，大凡人物者皆同之处，岂唯和汉有之？乃世界万国皆同也。"他自始反对一国独自之道（国体）的想法，并以"我国君臣之义卓越于万国者，所在何处"加以反驳。 【71】【72】

　　　桥川指出，幕末时期吉田松阴与山县大华的国体论战，似乎也延续到明治十七年（1884）左右伊藤博文与金子坚太郎的论战。这时候，代表普遍主义的伊藤博文类似山县大华，而代表特殊主义的金子坚太郎则类吉田松阴。

2. 原田熊雄的《西园寺公与政局》（原田日记）全 8 卷（1950—1956，1982 年再版）。有关追踪重臣们如何发动战争的记述，最近（在加拿大讲学时，无法加以运用）有胜田龙夫的《重臣们的昭和史》上下（1981）。这本书不仅运用原田的文件，还引述《木户幸一日记》（1966）、《木户幸一关系文书》（1966）以及木户幸一所发表的谈话。竹山道雄的《昭和的精神史》（1956）虽然是较早发表的作品，但我的思考方式深受其影响，这本书是从重臣阶层自由主义的视角来掌握战争的时代。

3. 丸山真男，《军国统治者的精神状态》，收入《现代政治的思想与行动》（1957）。

4. "试想，儒教、佛教、基督教乃至社会主义都不能实现之际，地球上唯有我大和民族、日本国民在现人神的信仰中具现建国神话传说与国民宗教，日后势能实现世界史所赋予的人道使命。是故，我们日本国民应该'忠诚地供奉现人神——吾皇大君'守护'祖国日本'，即守护'人道'。'日本的'即是'人道的'。"（蓑田胸喜，《学术维新原理日本》，1933） 【73】

5. 依战败后自决的本庄繁陆军大将（1876—1945）的遗嘱表示，日记内容不得外流，但作家尾崎士郎用抄录的方式，将其对话披露在纪实小说《天皇机关说》（1951）中。本庄与天皇的谈话内容载于 1935 年 4 月 25 日。

6. 井上清，《天皇的战争责任》（1975）。

7. 高桥甫、林三郎，《旧军人的场合》，《芽》1953 年 8 月号。

五　大亚细亚

1. 竹内好是《现代日本思想大系》第 9 卷《亚细亚主义》（1963）的编者，他探索日本此一思想的系谱。在该卷序文《日本的亚细亚主义》中，竹内好认为亚细亚主义的基础含有大亚细亚的理念，基于此理念（包含日本的），亚细亚互动关系究竟（从日本的立场而言）其侵略性和压抑性何种程度？对此每个思想领域的情况各不相同。竹内好的亚细亚主义论述还包括内田良平和岩波茂雄的观点。补记：松 【91】

本健一，《竹内好"日本的亚细亚主义"精读》（2000）。   92

2. 1940 年 8 月 1 日下午 12 时 30 分，松冈洋右外相所发表的谈话（《东京朝日新闻》，
   1940 年 8 月 2 日）。

3. 以"昭和研究会"旧成员的口述为主所编纂的记录，收录在昭和同人会编著，后
   藤隆之助监修的《昭和研究会》（1968）。

   "昭和研究会"创立时担任办公室职员的酒井三郎所写的记录，收录在酒井三
   郎，《昭和研究会》（1979）。

4. 尾崎秀实于 1943 年 10 月 23 日寄出的信件，收录在尾崎秀实的《爱情宛如流星》
   （1946）。现在，尾崎的著作，包含书信和报告书，都收录在《尾崎秀实著作集》
   全四卷（1977）。

   关于尾崎的传记，风间道太郎的《尾崎秀实传》（初版 1968、增订版 1976）是
   比较可信的作品。另外，石垣绫子的《回忆中的斯梅德利》（1967）对尾崎的性格
   有深刻的观察。

5. 巴莫，《缅甸的突破：1939—1946 年的革命回忆录》（1968）。

   我曾在新潟县六日町拜访战败后藏匿巴莫的今成拓三，基于这段机缘，我才
   得以听到他的回忆。从"大东亚共荣之梦"座谈会可以窥知，巴莫已然知道有别
   于他在回忆录中的日本人（收于《日本的百年》第 10 卷月报，1978）。   93

6. 戴维·乔尔·斯坦伯格，《二战时期菲律宾的通敌行为》（1967）。

7. 正如大冈升平在《我的文学生活》（1975）中所述，自从他在菲律宾作战时面对自
   己之死，获得把自己视为一个普通人的看法以来，纵使在《幼年》或《少年》这
   类自述传中，也都采取将自己当作一个现象置于地理和社会史中探究的方法。用
   这方法写出《野火》之后，便倾其全力在《莱特战记》《再访民都洛岛》等作品中
   掌握构成作品根源的事实。

8. 《大东亚战争与我们的决心》，《中国文学》第 80 号卷头言，1942 年 1 月，该文没
   有署名，是由竹内好执笔。

9. "从另一个角度来看，在战后，难道天皇制没有被维护或被发展得更加完备吗？这
   是我一贯的问题意识。"

   "作为机构的天皇制，天皇的位置从掌权者移向象征的地位，确实会相对化到
   严重的后果。然而，我们不得不这样思考：战争时期天皇制的存在结构不仅获得
   延命的机会，它恢复了比新的支配形态更坚固的结合关系，进而形成更坚固的天
   皇制基础。"（菅孝行，《天皇制的最高形态为何》，收于《天皇论札记》，1975）。

10. "毋庸置疑，到了战后，亚洲人来到日本，既不须做个逢迎者，也不必害怕被强   94
    行掳走，因为强权的帝国主义已经瓦解。只不过，日本近代化的路线在战前或战
    后丝毫没有改变。也就是说，日本依然抱持着以亚洲作为跳板、跻身欧美帝国主
    义列强行列的基本构图。"（略）

    从这个角度来看，虽然战时体制的大东亚共荣圈已经崩溃，但以日本为"盟主"
    的经济体制的大东亚共荣圈，毋宁说是战后才确立下来的。此一确立期，亦即日
    本近代化过程结束后，摆脱长达百年间"近代日本"的框架与欧美列强并肩的时期。
    具体地说，以 1964 年东京奥运会那年为分歧点。松本健一，《从"亚细亚"到"西

欧"》，首刊于《思想的科学》1979 年 9 月号，后收录于《战后世代的风景》（1980）。

六　非转向的形式

1. 田北耕也，《昭和时代的隐藏天主教徒》（1954；1978 再版）。　　　　　　117

2. 中村元，《东方人的思维方法》上下（1948—1949）。

3. 阿伊染德美，《我躲着念佛》（1977）。

4. 灯台社总部的历史，出自美国宾夕法尼亚州守望台圣经书社，《耶和华见证神的目的》（1959）。

    关于明石真人，见笠原芳光的《拒绝兵役的基督徒——明石真人的情况》（首次发表于《思想的科学》1970 年 10 月号，之后收录在"思想的科学研究会"编，《被湮没的精神》）。

    有关明石顺三与内村鉴三的关系，高阪薰在《明石顺三与须磨浦圣书讲堂——探索灯台社创设前后之谜》（《思想的科学》1973 年 2 月号）里，有详细的描写。

    太田雄三在《内村鉴三》（1977）谈到内村鉴三的伟大之处，仍不忘描述他对其他基督教徒屡屡显示的狭隘心理。

    关于与灯台社同时遭到打压的基督教教派——圣教会，可参阅米田丰与高山庆　　118
喜合著的《昭和的宗教镇压——战时圣教会受难记》（1964）。本书并未指出当事人的姓名，只说圣教会遭到打压的原因是："北海道的一名青年牧师，在神社问题上因为言行偏激，遂遭人检举，拘留期间自杀身亡。"有关这名青年的事情，可参阅坂本幸四郎的《小山宗右副牧师的自杀》（《思想的科学》1969 年 12 月号、1970年 1 月号）。

    在同志社大学人文科学研究所编的《战争时期的抵抗》全 2 卷（1968—1969）中，对宗教人士于战争时期如何抵抗当局的打压有翔实的记载。

5. 阿部知二在《良心拒服兵役的思想》（1969）书中，举出日本近代史上为数不少拒服兵役的事例，例如日俄战争时的矢部喜好，太平洋战争时的村本一生、浅见仙作、政池仁等。其他，还有战争时期翻译塞尔玛·拉格洛夫（Selma Lagerlof）的小说《耶路撒冷》（Jerusalem）的石贺修。

6. 岛根清的《新兴佛教青年同盟——妹尾义郎》（"思想的科学研究会"编，《共同研究·转向》上卷，1959），是最早论及妹尾义郎转向的文章。当时，妹尾义郎尚在，对该文章颇为不满。其后，有稻垣真美根据更广泛的调查所著的《背负着佛陀向街头——妹尾义郎的新兴佛教青年同盟》（1974）和林灵法《奋战的新兴佛教青年同盟》（《现代思想与佛教的立场》，1962）。妹尾义郎死后，由妹尾铁太郎与稻垣真美合编，中浓教笃解说的《妹尾义郎日记》全 7 卷（1974—1975）出版。　　　119

7. 柳宗悦于 1931 年至 1951 年所发行的杂志《工艺》，充分展现出民艺运动对战争的态度。柳宗悦从十五年战争开始的 1931 年到 1933 年，与寿岳文章共同编辑发行杂志《布莱克与惠特曼》。虽然为期短暂，但从编集后记中可以看出柳宗悦对"九一八事变"直言不讳的批判。

    收录在《柳宗悦全集》（1980—1982）的文章中，有关朝鲜与冲绳的部分，反映出柳宗悦对十五年战争时期的基本思想。

8. 牧口常三郎（1871—1944）构思以康德哲学为思想体系，和以日莲正宗为宗教观的教育思想来推展运动，但在战争期间遭到打压，死于狱中。其弟子户田城圣继承牧口常三郎的思想，使这一思想运动在战后大为发展。《牧口常三郎全集》全8卷（1981—1982）。

9. 大本七十年史编纂会编《大本七十年史》全2卷（1964）。

　　　　关于"人之道"，可参阅池田昭编，《人之道教团不敬事件相关资料集成》（1977）。

　　　　大西爱治郎（1881—1958）率领的"本道教"（原天理本道）于1928年和1938年二度遭到打压，尽管许多人被捕或长年身陷狱中，仍贯彻其信仰。村上重良《本道教不敬事件——与天皇制对决的民间宗教》（1974）。

10. 吉本隆明，《转向论》，收于《艺术的抵抗与挫折》（1959）。　　　　　　　　　120

11. ぬやまひろし（野山广）是西泽隆二（1903—1976）的笔名。在狱中遇到日本战败投降，为共产党中央委员。1966年被开除党籍，以ぬやまひろし之名发表诗集《编笠》（1946）而广为人知。与他有深交的司马辽太郎曾在小说《每个人的足音》（1981）中，对他多所着墨。

12. 这句话显示出村本一生与教条主义毫无关系和自在生活的处境。

七　日本之中的朝鲜

1. 樽井藤吉，《大东合邦论》（1893）。樽井藤吉的生卒年为1850—1922年。　　　140

2. 地图上朝鲜国一片漆黑。

　　　　涂着墨，听着秋风。

　　　　日本并吞朝鲜后，石川啄木写了很多短歌，其中这首短歌最为杰出。日本文学有必要正视此作品的重要性。

　　　　石川啄木在同时期撰写评论《时代闭塞的现状》（1910），主张日本自然主义　　141
文学应该正视勒住自我咽喉的国家实态。

3. 木佐木胜，《木佐木日记》（1965）。

4. 1923年9月1日，关东大地震之后，在东京与神奈川被日本人杀死的朝鲜人，共有6,415人。这项调查是由当时上海的朝鲜独立运动机关刊物《独立新闻》社长全承学潜入东京，与李铁、朴思稷、闵锡铉、李昌根、崔承芳、李茂根等留学生10余人共同调查到11月底得出的数据。

　　　　吉野作造获得赤松克麿的协助，调查到10月底，得知有2,711名朝鲜人遇害。见姜德相，《关东大地震》（1975）。

5. 朴庆植，《强制征召朝鲜人的记录》，（1965）。

6. 尾崎秀树（尾崎秀实之弟），《大东亚文学者大会》（《旧殖民地文学的研究》，1971）。

7. 要广泛掌握日本近代文学中出现的朝鲜人形象的作品，可参见朴春日，《近代日本的朝鲜观》（1969）。

其后，有高崎隆治《从文学看日本人的朝鲜人观——〈朝鲜歌集〉的贫乏》（《三千里》25，1981 年 2 月）。这篇文章显示出战争期间日本人撰写关于朝鲜人的文章还有选择的空间。

8.　柳宗悦认为，朝鲜人喜好白色与朝鲜艺术的线条之美，正是朝鲜人悲哀的表现。朝鲜人本身对柳宗悦论点的批评，见崔夏林的《柳宗悦的韩国美术观》（此文为崔夏林为柳宗悦撰写，李大源翻译的《韩国与其艺术》一书所写的解说）、金达寿的《关于朝鲜文化》（《岩波讲座——哲学》第 13 卷《文化》，1968 年 8 月），还有金润珠、文明大、金勇、金两基发表的谈话。　　　142

高崎宗司的《柳宗悦与朝鲜》（《朝鲜史丛》1，1979 年 6 月）广泛综览过去韩国人批判柳宗悦的朝鲜论后，为柳宗悦的著作重新定位。

李进熙的《李朝之美与柳宗悦》（《三千里》13，1975 年 2 月），除了批判柳宗悦的疏漏之处，还指出柳宗悦试图修正初期著作中的见解所做的努力。

9.　爱德华·威利特·瓦格纳，《日本的朝鲜少数民族：1904—1950》（原著：1951；日译本：1975）。

10.　金时钟，《新潟》（1970 年）、《猪饲野诗集》（1978）。

11.　金达寿，《朴达的审判》（1959）。

12.　高史明，《生存的意义》（1975）。

八　以"非斯大林化"为目标

1.　《近代文学》杂志于 1945 年 10 月 3 日举行创刊说明会，同年 12 月 30 日，出版创刊号（1946 年 1 月号），直到 1964 年 8 月号宣布停刊。在这期间，加入许多同人。原本的创刊同人为：荒正人、小田切秀雄、佐佐木基一、埴谷雄高、平野谦、本多秋吾和川室静等七人，除了因与共产党对立退出同人行列的小田切秀雄之外，其余六人，从创刊至停刊，十九年间共事编务。　　　169

有关这段历史，后来同人扩增时期的参加者，以及创刊后携手共进的社外执笔者回忆的形式汇编成《"近代文学"的创刊》一书（1977）。　　　170

2.　埴谷雄高《洞窟》，收于《构想》创刊号及第 2 号（1939）。（《Credo Quia Absurdum——因为不合理，所以我相信》）则收于《构想》1—7 号（1939—1940）。

小说《死灵》开始在第二次世界大战结束后推出的《近代文学》创刊号（1946 年 1 月号）上发表，迄今未完。《死灵·六章》（1981）已出版，后来写至第八章（编按：本书日文版完成后，埴谷又于 1995 年发表了《死灵》第九章）。

3.　有关让埴谷雄高构想写出哲理小说《死灵》的"共产党私刑事件"，同为《近代文学》创刊同人的平野谦曾写《回忆"共产党私刑事件"》一书（1976）。该书附有当事者之一的裤田里见的审讯笔录、相关文件和埴谷雄高的后记。

当时，平野谦重病在床，他之所以在这时候发表对"私刑事件"的看法，主要是断定 1976 年 1 月末民社党的春日一幸把这"共产党私刑事件"带入国会，并要求开除当时的共产党负责人宫本显治（日本共产党委员长）的做法，颇有让战时日本政府复辟之嫌。

有关这个事件，已有多篇文章讨论，日后还会有更多披露。其中重要著作如：立花隆的《日本共产党的研究》(1978)、宫内勇的《20世纪30年代日本共产党私史》(1976)、菅原克己的《远方之城——为了某个时代人们的回忆》(1977)。

4.　山川菊荣、山川振作编，《山川均全集》全20卷 (1966)。　　　　　　171

　　高畠通敏编，《山川均集》，收于《近代日本思想大系》(1976)。

　　山川均曾发表《习惯转向者的手记》(《经济往来》1935年8月号)一文，谈到自己如何在军国主义的时代应付营生。

5.　高畠通敏，《生产力理论——大河内一男·风早八十二》(1960)。

　　其后，这个主题延续成战后的学术形态，中岛诚《转向论序说——联结战中与战后的事物》(1980)一书中有所探讨。

6.　有关花田清辉对"转向论"和"追究战争责任"的看法——《罪与罚》，可参阅《错乱的逻辑》(1947)。

　　花田清辉与吉本隆明的论战，始于《致年轻世代》(《文学》1957年7月号)这篇文章，于《鹦鹉螺号的反应》(《季刊现代艺术》3，1959年6月)一文结束论争。吉本隆明则以《不许艺人入山门——对花田清辉的反驳》和《表扬执笔撰写〈乞食论语〉——一个笨理解的"不成为前卫党"》(两篇都刊于《日本读书新闻》，1959年1、2月)，以及《转向法西斯的诡辩》(《近代文学》1959年5月)加以反击。有关1960年6月的政治活动，花田清辉写了一首新诗《风的方向》(《现代艺术》1960年10月号)，吉本隆明则写《六一五事件与我——给花田清辉的一句话》(《周刊读书人》1960年11月)。

7.　菅季治的手稿是在其死后出版的：《未被诉说的真实：菅季治遗稿》(1950)、《人　172
　　生的逻辑——对文艺的心理学之尝试》(1950)。

8.　高杉一郎，《在极光的阴影下》(1950)；其后重印收入富山房百科文库 (1977)；岩波文库 (1991)。

　　内村刚介，《匆匆的人生》(1967)。

　　长谷川四郎，《西伯利亚故事》(1952)，后收入《长谷川四郎全集》(1977)。

　　石原吉郎，《对日常的强制》(1970)、《望乡与海》(1972)。

9.　伊藤登志夫，《白色安加拉河——伊尔库兹克第一俘房营纪实》(1979)。

10.　尽管如此，根据现在 (1981年) 日本的舆论调查指出，苏联仍是日本人心中最不受欢迎的国家之一，这个数据已表现在新闻的舆论调查中。

九　玉碎的思想

1.　黄春明的原作《莎哟娜拉·再见》发表于1973年8月《文季》第1期。福田桂二　194
　　的日译，1979年被编入黄春明的《莎哟娜拉·再见：亚洲的现代文学——台湾》。

　　黄春明1939年出生于中国台湾的宜兰，经台北师专，后毕业于屏东师专，曾任职于广告公司，据此经历写成《莎哟娜拉·再见》。

2.　西格蒙德·诺伊曼，《现代史——指向未来的路标》(1956)。

3. 家永三郎，《太平洋战争》（1968）。

　　鹤见俊辅的《知识人的战争责任》（《中央公论》1956 年 1 月号），论及 "十五年战争" 一词的提议；《日本知识人的美国观》（《中央公论》1956 年 7 月号）一文中，谈及为何要使用这个词汇。

4. 森岛守人，《阴谋·暗杀·军刀——外交官的回忆》（1950）。

5. 根据企划院总裁铃木贞一于 1941 年 11 月 8 日召开的御前会议发言指出，1941 年 12 月 1 日为止，陆军、海军与民间的石油总存量为 10 亿升。按第一案，战争的第一年尚可剩余 1.8 亿升，第二年很快就会缺油 4.4 亿升，第三年（假定已夺得兰印石油产地）将不足 2,800 万升。若按第二案，战争第一年尚能剩余 2.8 亿升，第二年将不足 2.4 亿升，第三年不足 2,800 万升。总之，最后做出坐守不如出击的结论。参见：五味川纯平《御前会议》（《文艺春秋》，1978 年，236—237 页）、参谋总部编《杉山备忘录》（1969）。英文著作有：池信孝（Nobutaka Ike，汉字为音译）的《日本的参战决定：1941 年御前会议的记录》（1967）。　　195

6. 日本战殁学生纪念会编，《听吧，海神的声音！》（1949、1959 新版）。

　　渡边清（1925—1981）是农家出身的少年兵，并非学生兵，但他却担任以旧学生兵为主的 "海神会" 的事务局局长，长期支持这个团体。他的作品有两部纪实小说：《海之城——海军少年兵的手记》（1969）和《战舰武藏的末日》（1971），以及纪实报道《被打碎的神明——某个复员兵的手记》（1977）、评论《我的天皇观》（1981）。

7. 林尹夫，《命舍月明时》（1967）。

8. 吉田满（1923—1979）就读东大法学部时，以学生兵的身份加入海军。他担任海军少尉坐上大和舰，参与 1945 年 4 月的冲绳战役，大和舰遭到击沉。后来，在其担任日本银行监事任内病逝。他的著作包括战后所写的，有《大和战舰的末日》（1974）、《提督伊藤整一的生平》（1977）、《战中派的生死观》（1980）等。　　196

十　战争时期的日常生活

1. 诺曼·朗梅特，《当时我们是如何生活的？——第二次世界大战中的日常生活史》（1971）。　　218

　　永井荷风（1879—1959）的日记《断肠亭日乘》全 7 卷（1980—1981）。

2. 茨木则子，《茨木则子诗集》（1969）。

3. 牧濑菊枝编，《九津见房子：从明治社会主义到佐尔格事件》（1975）。　　219

4. 中村智子，《横滨事件的受害者》（1979、增补版 1980）。

　　有关横滨事件，当事者的回忆录颇多。藤田亲昌、美作太郎、渡边洁《言论的败北：横滨事件的真实》（1959）。新版：《横滨事件》（1977）。

十一　原子弹的牺牲者

1. 松浦总三，《占领时期的言论镇压》（1969）。　　238

2. 赫伯特·费斯,《原子弹与第二次世界大战的结束》(1966)。

3. 李德·哈特,《第二次世界大战战史》(1970)。

4. 罗贝尔·吉兰,《战争中的日本:从珍珠港到广岛》(1979);日译本由根本长兵卫、天野恒雄译,《日本人与战争》(1979)。

5. 加藤周一、迈克尔·赖克、罗伯特·利夫顿,《日本人的死生观》(1977)。   239

　　大江健三郎,《广岛札记》(1965)。

　　长冈弘芳,《原爆文学史》(1973)、《原爆民众史》(1977)。

6. 原民喜(1905—1951)的作品,二度被编成全集出版:《原民喜作品集》全2卷(1953)、《原民喜全集》全3卷(1965—1969)。

7. 井伏鳟二,《黑雨》(1966)。

8. 峠三吉(1917—1953)在广岛遭到原子弹轰炸,战争期间信奉基督教,但战后加入日本共产党,在占领期间写反战诗作。1951年,在《新日本文学》杂志上发表《原爆诗集》,1952年由青木书店出版。

　　大田洋子(1903—1963)在广岛遭遇原子弹轰炸后,即开始书写有关原爆〔原子弹〕的作品。她完成长篇小说《死尸的街道》,但没能通过占领军的审查,无法出版。1948年11月,在删除了部分内容后,才由中央公论社出版。完整版于1950年由冬华书房出版。

9. 堀田善卫的《审判》(1963)描写投下原子弹的美国人保罗·里博(Paul Ribaut),和向中国人施虐的日本人高木恭助,两人在第二次世界大战后苦闷的人生。   240

10. 饭田桃,《美国的英雄》(1965)。小说中的"美国英雄"就是投下原子弹的飞机驾驶员克劳德尔·伊瑟利(Claude Eatherly)。他一再犯罪,又自杀未遂,最后被关进精神病院。

十二　战争的终结

1. 上田广,《与原始森林的野兽一起——刘连仁日本潜伏记》(1959)。1977年,刘连仁担任中共高密县井沟人民公社草泊革命委员会副主任。欧阳文彬根据刘连仁口述(被强行带走)写成的《隐藏于山洞的十四年:中国俘虏刘连仁的记录》已出版问世(《现代人物事典》,朝日新闻社,1977)。   261

　　"花冈事件"的相关资料有:野添宪治《花冈事件的人们》(1975)。补注:野添宪治,《中国人强制连行·花冈事件关系文献目录》(2000)。

2. 有关拉尔夫·费瑟斯通,"纵贯日本之旅"的感想收录在鹤见俊辅、小田实、开高健合编的《反战的逻辑》(1967)。

3. 住谷一彦,《赤面·黑面——八重山印象记〈南海的秘密结社〉》(《みすず》1964年1月号)、《南西诸岛的Geheimkult——新城岛的赤面·黑面备忘录》(《南西诸岛的神明观》,1977)。

　　冲绳的祭典给住在东京的学者深刻印象,可参阅住在冲绳的研究者新川明撰写的《新南岛风土记》(1978)一书。

4. 柳宗悦《就国语问题回复冲绳县学务部》(《冲绳朝日新闻》《冲绳日报》《琉球新报》同时刊载,1940 年 1 月 14 日;仅《琉球新报》分 14、15 日两天刊载)。这篇文章是针对冲绳学务部发表在上述各报的《勇于告诉县民,被民艺运动迷惑者》的反驳。《柳宗悦全集》第 15 卷(1981)。 262

5. 大江健三郎,《冲绳札记》(1970)。

6. 1965 年 8 月 14 日至 15 日东京第 12 频道播放节目"彻夜长谈——思考战争与和平"(戦争と平和を考える徹夜ティーチ・イン)。一到深夜,就在主持人说"假使天皇说还要战斗下去,你们觉得会战斗下去吗?"的同时,电视台制作单位没有预警地停止节目的播放,但讨论会仍持续到清晨,隔天由其他团体召开各类"重新思考战争的会议"接续下去,形成了二十四小时的马拉松聚会。这时候,向来把8 月 15 日这一天当成国内经验的日本人,又多了一种国际经验,他们终于勇于从日本加害亚洲各国的立场重新看待日本政府间接支持越战的事实,这种动向已在8 月 15 日纪念集会上表现出来。往后的 8 月 15 日纪念集会,便由"还越南和平!市民联合"(越平联)、海神会、国民文化会议等团体担纲领导。有关禁播"彻夜长谈"节目的经纬,请参见"越平联"编的《越南,和平!》,收录在《资料"越平联"运动》上卷(1974)。

7. 帕特里夏・汤普森,《战时英国的故事》,刊于加拿大地方性报纸《宪报》,1979 年11 月 10 日。

8. 山中恒从这个经验出发,并翻印同时代的相关资料,写成《我们是少年国民》全 5集:《我们是少年国民》《我是御民》《不要停止射击》《直到胜利为止无欲无求》《直到胜利之日》(1974 — 1979),还把三十年后会见当时少年男女的采访稿写成《战中教育的后窗》(1979)。 263

战争时期学童疏散的相关著作有:中根美宝子《疏散学童的日记》(1965)、月光原小学编《学童疏散的记录》(1960)。另外,根据当事者的经历写成的长篇小说,最早的首推柴田道子的《来自谷底》(1959、1976)。

9. 美国的报纸没有掌握到这方面的动态。日高六郎编,《1960 年 5 月 19 日》(1960)。

10. 桦美智子(1937—1960)的遗稿,由桦光子编成《在人们不知道时微笑》一书(1960)。

11. 柴田道子(1934—1975)的遗稿集《一束光》(1976)。

12. 北川修(1946—)就读京都府立医科大学时,即组织民歌改革会,1967 年,以唱片歌曲《归来的醉鬼》("帰って来たヨッパライ")走红整个日本,成为战无派〔指未经历二次大战者〕的代表性人物。著有《不知道战争的孩子们》(1971)。

13. 大野力,《关于战争责任的座谈会》(在"思想的科学研究会"1959 年夏季大会上的发言)。

14. 江藤淳把他和战败时担任日本政府重要官职者的对谈内容,以连载的形式刊载在1977 年《现代》杂志上,将近一年。他在对谈中说:"无条件投降的是陆军和海军,而不是日本国。所以我坚信,日本是接受《波茨坦宣言》明示的七个条件而投降的。" 264

江藤淳,《另一个战后史》(1978)。他根据这个论点,反驳战后文学最具代表性的评论家本多秋五。江藤淳,《被遗忘的与被迫遗忘的》(1979)。

本多秋五的反驳文章,参见《"无条件投降"的意义》(《文艺》1978 年 9 月号)

和《回应江藤淳氏》(《每日新闻》1978 年 9 月 7 日、8 日晚报)。

15. 国际法学者高野雄一批判江藤淳的推断,见于《无条件投降论争的问题点》一文
(《朝日新闻》1978 年 10 月 2 日、3 日晚报)。

　　国际法学者批判江藤淳的文章,还有松井芳郎写的《丧失的战后史与战后史
的丧失》(《科学与思想》38,1980 年 10 月)。

十三 回顾

1. 莉莲 · 赫尔曼,《无法安眠的时代》(1976);日译本由小池美佐子译,1979 年出版。 281

2. 克利福德 · 奥德兹(1906—1963),《醒来歌唱》(1935)、《金童》(1937)。 282

3. 阿瑟·米勒(1915—2005)著有戏剧《推销员之死》(*Death of a Salesman*,1949);《萨
勒姆的女巫》(*The Crucible*,1953),取自 17 世纪猎逐女巫的故事,描写置身在美
国猎共运动中的感受。

4. 达尔顿 · 特朗勃(1905—1976),在 1947 年麦卡锡猎共运动中,他被指名为美国
电影界十个不合作者之一,由于他拒绝在听证会上做证而遭到判刑。后来,他易
名撰写剧本,以罗伯特 · 利奇(Robert Rich)之名所写的《勇敢的人》(*The Brave
One*)获得 1956 年第 29 届奥斯卡编剧奖。20 世纪 60 年代以后,开始用本名写作。
1971 年,他把自己的小说《无语问苍天》(*Johnny Got His Gun*)改编成电影剧本,
自任导演,荣获坎城影展最佳评审奖和国际评审团奖。

5. 达希尔 · 哈米特(1894—1961),十四岁起开始工作,当过报童、铁路杂工、码
头工人等。1929 年出版长篇侦探小说《血色收获》(*Red Harvest*)。随着《马耳他
之鹰》(1930)和《瘦子》(1934)被改拍成电影之后,成为美国最受欢迎的作家。
为冷硬派(Hard boiled)的先驱者。出狱以后,未再发表作品,最后酒精中毒而死。

6. E. H. 诺曼(1909—1957),仅在日本有出版全集。大注愿二编译,《赫伯特·诺曼全集》
全 4 卷(1977 — 1978)。第 4 卷末附有大注愿二的《附录:赫伯特 · 诺曼的生平》。

　　对诺曼因为承受政治重压,进行分析的有:马场伸也,《在两种身份之间—— 283
占领与诺曼》,收入《身份的国际政治学》(1980)。

　　英语版的《诺曼传》似乎仍在准备中,至今可信的是查尔斯 · 泰勒,《六个
旅程——加拿大的形态》(1977)。后来又出版 R. W. 鲍恩·埃迪蒂(R. W. Bowen
Edity)的《E. H. 诺曼:他的一生与学术成就》(1984),此书的日译本《H. 诺曼:
某个民主主义者的命运》由中野利子翻译,于 1990 年出版。

7. 加布里埃尔 · 亚伯拉罕 · 阿尔蒙德(1911—2002),《共产主义的魅惑》(1954)。

　　"比较转向论"在学术上能发展到什么程度,我不得而知,但我们仍可以继续
努力,把日本十五战争期间发生的事件,参读以下:比如木山英雄《北京苦住庵记:
日中战争时期的周作人》(1978)、益井康一《汉奸裁判史:1946 — 1948 年》(1977)、
戴维 · 乔尔 · 斯坦伯格《二战时期菲律宾的通敌行为》(1967)等著作。虽然我不
认为从这些著作可以得出根本意义的判断,但仍希望借此辟出共同论述的场域。

8. 北一辉(1883—1937)违反统治阶层的意图,故意用字义"一君万民思想"来解 284
释明治以后的天皇制,借此突破中央强权,开启迈向社会主义的道路。权藤成卿

（1866—1937）提示日本自古以来统治阶层即有体恤百姓的思想，试图借此打开现存制度的改革之路。《北一辉著作集》全 3 卷（1959、1972）。五十岚晓郎编著，《"北一辉"论集》（1979）。有关北一辉的事迹，我先受教于久野收先生。久野收、鹤见俊辅《现代日本的思想》（1956）。

　　　传记方面有：田中惣五郎撰写的《日本法西斯的源流——北一辉的思想与生平》（1949）和《增补版·北一辉——日本的法西斯象征》（1971）、渡边京二《北一辉》（1978）、松本健一《年轻的北一辉》（1975）。《权藤成卿著作集》自 1972 年起已出版至第 7 卷〔编按：1991 年又出了一册《别卷》〕。另有滝泽诚撰写的《权藤成卿》（1971）、《近代日本右派社会思想研究》（1980）等传记。

9.　石川三四郎（1876—1956）。《石川三四郎著作集》全 8 卷（1978—1978），未收录　　285
其中的文章可参阅《石川三四郎选集》全 10 卷（1976—1978）。传记可见：北泽文武的《石川三四郎的生平与思想》全 3 卷（1974—1976）。（补注：大原绿峰，《石川三四郎：灵魂的导师》，1987。）

10.　柏木义圆（1860—1938）的著作方面，见《柏木义圆集》1—2 卷（1970）。传记见伊谷隆一《反战的思想》（1967）。柏木持续出版的杂志叫《上毛教界月报》。

11.　正木昊（1896—1975）于十五年战争期间持续出刊的个人杂志《接近》全 5 卷（1979）已重印出版。正木昊的传记，见家永三郎《与权力之恶奋战——正木昊的思想活动》（1971）。

12.　桐生悠悠（1873—1941）的著作包括：个人杂志《他山之石》（1934—1941）、《畜生道的地球》（1952）、《桐生悠悠反军论集》（1969）、《桐生悠悠自传》（1973）。传记：太田雅夫《桐生悠悠》（1970）、井出孙六《抵抗的新闻人桐生悠悠》（1980）。

　　　清泽洌（1890—1945）不像柏木义圆、桐生悠悠和正木昊那样在战争时期不断地通过个人通讯批判军方，他虽然受到军方压迫失去发表的园地，但仍持续通过日记批判战争，在战争期间去世，并留有《暗黑日记》全 3 卷（1970—1973）。补注：北冈伸一，《清沢洌——外交评论的命运》（1987）。　　　　　　　　　　　286

13.　辻润（1884—1944）的作品见《辻润著作集》（1970）。传记见三岛宽《辻润：艺术与病理》（1970）、玉川信明《评传·辻润》（1971）。折原修三在《"年老"的构造》（1981）一书中，述及辻润及其儿辻诚之间的思想传承。

　　　后来，福岛铸郎、大久保久雄合编的《大东亚战争书志》全 3 卷（1981）、《战争时期的言论》全 2 卷（1982）出版问世。今后的研究可运用这些战争时期的杂志、论文、单行本的总索引。可惜，这本讲义〔在时间上〕未能得其教益。

参考书目

（参考书目皆以原文表示）

一　向1931年至1945年的日本趋近

Neumann, Sigmund. *The Future in Perspective*. New York: G. P. Putnam's Sons, 1946；日译本：ジークムント・ノイマン，『現代史：未来への道標』，曽村保信訳，東京：岩波書店，1956 年。

オーテス・ケーリ（Otis Cary）、エドウィン・O・ライシャワー（Edwin O. Reischauer）、猪木正道、坂田吉雄、鶴見俊輔，『日本の民主主義——過去・現在・未来』，『日米フォーラム』1963 年 6 月。

本多秋五，『転向文学論』，東京：未来社，1957。

辻信一，『転向論の新しい地平』上、下，『思想の科学』1981 年 5、6 月号。

吉本隆明，『転向論』，『芸術的抵抗と挫折』，東京：未来社，1959 年。

思想の科学研究会編，『共同研究・転向』上、中、下，東京：平凡社，1959—1962。改訂増補版，平凡社，1978。

家永三郎，『太平洋戦争』，東京：岩波書店，1968 年。

遠山茂樹、今井清一、藤原彰，『昭和史』，東京：岩波書店，1955。

鶴見俊輔，『知識人の戦争責任』，『中央公論』1956 年 1 月号。

——，『日本知識人のアメリカ像』，『中央公論』1956 年 7 月号。

二　关于转向

Dore, Ronald Philip. *Education in Tokugawa Japan*. London: Routledge
　　& Kegan Paul, 1965；日译本：R. P. ドーア，『江戸時代時代の教
　　育』，東京：岩波書店，1970 年。

──. *The Diploma Disease*. London: George Allen and Unwin, 1976；
　　日译本：R.P. ドーア，『学歴社会－新しい文明病』松居弘道译，
　　東京：岩波書店，1978 年。

Smith, Henry Dewitt（ヘンリ・ディウィット・スミス），『資料の
　　Jungle──新人会を追迹する』，『労働資料』1968 年 1 月号。

──. *Japan's First Student Radicals*. Cambridge, Mass.: Harvard
　　University Press, 1972. 日译本：ヘンリ・ディウィット・スミス，
　　『新人会の研究－日本学生運動の源流』，松尾尊兊、森史子訳，
　　東京：東京大学出版会，1978 年。

本多秋五，『書評　思想の科学研究会編　共同研究〈転向〉上』，『思
　　想』1959 年 7 月号。

山川均，『無産階級運動の方向転換』，『前衛』1922 年 7、8 月合并号。

内務省警保局編，『昭和九年度に於ける社会運動の状況』，1935 年。

司法省保護局，『思想犯保護対象者に関する諸調査』，『司法保護資料』
　　33，1943 年 3 月。

石堂清倫、竪山利忠編『東京帝大新人会の記録』，東京：経済往来社，
　　1976 年。

交詢社編，『日本紳士録』，東京：交詢社，1955 年。

池田克，『左翼犯罪の覚書』，中央公論社編，池田克、毛利基，『防
　　犯科学全集』第 6 巻『思想犯篇』，1936 年。

辻信一，『転向論の新しい地平』上、下，『思想の科学』1981 年 5、
　　6 月号。

松本健一，『転向論の基軸とは何か──鶴見理論之吉本理論にふれ
　　て』，『現代の眼』1981 年 3 月号。

菅孝行、松本健一、岡庭昇、中島誠、飯田桃、笠井潔、高橋敏夫等，

『現代転向論は可能か』，『現代の眼』1981 年 3 月号。

朝日新聞社編，『現代人物事典』，東京：朝日新聞社，1977 年。

葦津珍彦，『尊王攘夷とは？』，鶴見俊輔編，『語りつぐ戦後史 2』，東京：
　　思想の科学社，1969 年。

——，『講和発効後の難問題、憲法全面改定論の予想』，『時の流れ
　　戦後三十有余年時評集』，東京：神社新報社，1981 年。

藤田省三，『昭和八年を中心とする転向の状況』，『共同研究・転向』
　　上巻，東京：平凡社，1959 年。

——，『昭和十五年を中心とする転向の状況』，『共同研究・転向』中巻，
　　東京：平凡社，1960 年。

鶴見俊輔，『後期新人会員』，思想の科学研究会編，『共同研究・転向』
　　上巻，東京：平凡社，1959 年。

三　锁国

小泉信三，『海軍主計大尉小泉信吉』，私家版：1946 年；東京：文
　　藝春秋，1966 年。

中野重治，『村の家』，1935 年。

——，『五勺の酒』，1947 年。

——，『むらぎも』，東京：大日本雄辯會講談社，1954 年。

加藤周一，『日本文学史序説』，『加藤周一著作集』第 5 巻，東京：
　　平凡社，1980 年。

加藤周一、M・ライシュ（Michael R. Reich）、ロバート・J・リフト
　　ン（Robert J. Lifton），『日本人の死生观』，東京：岩波新書，1977 年。

伊藤整，『新心理主義文学』，東京：厚生閣書店，1932 年。

——，『典子の生きかた』，東京：河出書房，1941 年。

——，『我が知識阶级——この感动萎えざらんが为に』，『都新聞』，
　　1941 年 12 月 14 日。

——，『戦争の文学』，『都新聞』，1942 年。

——，『裁判』，東京：筑摩書房，1952 年。

——，『氾濫』，東京：新潮社，1958 年。

伊藤整、瀬沼茂樹，『日本文壇史』，東京：大日本雄弁会講談社 / 講
　　談社，1953—1973 年。

池田彌三郎，『日本芸能伝承論』，東京：中央公論社，1962 年。

守田志郎，『日本の村』，東京：朝日新聞社，1978 年。旧版：『小さ
　　い部落』，朝日新聞社，1973 年。

折口信夫，『日本文学啓蒙』，東京：朝日新聞社，1950 年；『折口信
　　夫全集』第 12 巻，東京：中公文庫，1976 年。

佐藤忠男，『裸の日本人』，東京：光文社，カッパブックス，1958 年。

——，『忠臣藏——意地の系譜』，東京：朝日選書，1976 年。

長部謹吾，『思想犯の保護に就て』，『司法研究』21：10，司法省調査課，
　　1937 年 3 月。

四　关于国体

丸山真男，『軍国支配者の精神形態』，『現代政治の思想と行動』，東
　　京：未来社，1957 年。

井上清，『天皇の戦争責任』，東京：現代評論社，1975 年。

木戸日記研究会校訂，『木戸幸一日記』，東京：東京大学出版会，
　　1966 年

木戸幸一研究会編，『木戸幸一関係文書』，東京：東京大学出版会，
　　1966 年。

太安万侶編纂，『古事記』。

竹山道雄，『昭和の精神史』，東京：新潮社，1956 年。

杉浦幸雄，『米英頭方追放』，『漫画』1942 年 5 月号。

尾崎士郎，『天皇機關説』，東京：文藝春秋新社，1951 年。

原田熊雄，『西園寺公と政局』（原田文書）全 8 巻，東京：岩波書店，
　　1950—1956 年；1982 年再版。

高橋甫、林三郎，『旧軍人の場合』，『芽』1953 年 8 月号。

勝田龍夫，『重臣たちの昭和史』上下，東京：文藝春秋，1981 年。

蓑田胸喜，『学術維新原理日本』，東京：原理日本社，1933 年。

橋川文三，『国体論の連想』，『展望』1975 年 9 月号。

五　大亜細亜

Ba Maw. *Breakthrough in Burm: Memoirs of a Revolution, 1939–1946.*
　　New Haven: Yale University Press, 1968.

Steinberg, David Joel. *Philippine Collaboration in World War II.*
　　Manila: Solidaridad Publishing House, 1967.

大岡昇平 ,『俘虜記』，東京：のち新潮文庫，1949 年。

——,『野火』，東京：創元社，1952 年。

——,『ミンドロ島ふたたび』，東京：中央公論社，1969 年。

——,『レイテ戦記』，東京：中央公論社，1971 年。

——,『幼年』，東京：のち文春文庫，1973 年。

——,『わが文学生活』，東京：中央公論社，1975 年。

——,『少年』，東京：筑摩書房，1975 年。

石垣綾子，『回想のスメドレー』，東京：みすず書房，1967 年。

竹内好，『大東亜戦争と吾等の決意（宣言）』，『中国文学』80，1942
　　年 1 月。

竹内好編，『アジア主義』，『現代日本思想大系』第 9 巻，東京：筑
　　摩書房，1963 年。

尾崎秀実，『"東亜協同体" の理念とその成立の客観的基礎』，『中央
　　公論』54-1，1939 年 1 月 1 日。

——,『愛情はふる星のごとく』，東京：世界評論社，1946 年。

——,『尾崎秀実著作集』全 4 巻，東京：勁草書房，1977 年。

松本健一,『"アジア" から "西欧" へ』,『思想の科学』1979 年 9 月号。

——,『戦後世代の風景——1964 年以後』,東京:第三文明社,1980 年。

——,『竹内好 "日本のアジア主義" 精読』，東京：岩波現代文庫，
　　2000 年。

昭和同人会編著，後藤隆之助監修，『昭和研究会』，東京：経済往来

社，1968 年。

風間道太郎，『尾崎秀実伝』，東京：法政大学出版局，初版 1968 年，
　　版 1976 年。

酒井三郎，『昭和研究会ーある知識人集団の軌跡』，東京：ＴＢＳブ
　　リタニカ，1979 年。

菅孝行，『天皇制の最高形態とは何か』，『天皇論ノート』，東京：田
　　畑書店，1975 年。

鶴見俊輔編著，『日本の百年』第 10 巻，東京：筑摩書房，1978 年
　　改訂版。

六　非转向的形式

Ellis, Havelock. *Psychology of Sex*. London, 1933.

Watchtower Bible and Tract Society of Pennsylvania. *Jehovah's
　　Witnesses in the Divine Purpose*. New York: Watchtower Bible and
　　Tract Society of New York, Inc., 1959.

ぬやまひろし（西沢隆二），『編笠 詩集』，東京：日本民主主義文化
　　連盟，1946 年。

大本七十年史編纂会編，『大本七十年史』全 2 巻，京都：宗教法人大本，
　　1964 年。

中村元，『東洋人の思惟方法』上下，東京：みすず書房，1948―1949 年。

太田雄三，『内村鑑三』，東京：研究社，1977 年。

司馬遼太郎，『ひとびとの跫音』上下，東京：中央公論社，1981 年。

田北耕也，『昭和時代の潜伏キリシタン』，東京：日本学術振興会，
　　1954 年；東京：国書刊行会，1978 年再刊。

吉本隆明，『転向論』，『芸術的抵抗と挫折』，東京：未来社，1959 年。

同志社大学人文科学研究所編，『戦時下抵抗の研究』全 2 巻，東京：
　　みすず書房，1968―1969 年。

池田昭編，『ひとのみち教団不敬事件関係資料集成』，東京：三一書
　　房，1977 年。

米田豊、高山慶喜，『昭和の宗教弾圧－戦時ホーリネス受難記』，東京：いのちのことば社，1964 年。

坂本幸四郎，『小山宗祐牧師補の自殺』，『思想の科学』1969 年 12 月号、1970 年 1 月号。

村上重良，『ほんみち不敬事件－天皇制と対決した民衆宗教』，東京：講談社，1974 年。

妹尾鉄太郎、稲垣真美編，中濃教篤解说，『妹尾義郎日記』全 7 巻，東京：国書刊行会，1974—1975 年。

明石順三，『浄土真宗門』，未発表。

林霊法，『戦える新興仏教青年同盟』，『現代思想と仏教の立場』，京都：百华苑，1962 年。

牧口常三郎，『牧口常三郎全集』全 8 巻，東京：第三文明社，1981—1982 年。

阿伊染徳美，『わがかくし念佛』，東京：思想の科学社，1977 年。

阿部知二，『良心的兵役拒否の思想』，東京：岩波新書，1969 年。

柳宗悦，『柳宗悦全集』，東京：筑摩書房，1980—1982 年。

柳宗悦編，『工藝』，1931—1943 年、1946—1951 年。

柳宗悦、寿岳文章編，『ブレイクとホヰットマン』，1931—1933 年。

高阪薫，『明石順三と須磨浦聖書講堂――灯台社創設前後の謎を探る』，『思想の科学』1973 年 2 月号。

笠原芳光，『兵役を拒否したキリスト者――明石真人の場合』，『思想の科学』1970 年 10 月号；思想の科学研究会編，『埋もれた精神』，東京：思想の科学社，1981 年。

嶋根清（署名：しまねきよし），『新興仏教青年同盟――妹尾義郎』，思想の科学研究会編，『共同研究・転向』上巻，東京：平凡社，1959 年。

稲垣真美，『仏陀を背負いて街頭へ－妹尾義郎と新興仏教青年同盟』，東京：岩波新書，1974 年。

七　日本之中的朝鲜

Wagner, Edward Willet. *The Korean Minority in Japan, 1904—1950*.
　　New York: International Secretariat, Institute of Pacific Relations,
　　1951；日译本：エドワード・W・ワグナー著，外務省アジア局
　　北東アジア課译，『日本における朝鮮少数民族：1904 年—1950
　　年』，東京：湖北社，1975 年。

千家元麿，『昔の家 長篇叙事詩』，東京：木星社書院，1929 年。

木佐木勝，『木佐木日記』，東京：図書新聞社，1965 年。

田山花袋，『蒲團』，『新小説』1907 年 9 月号。

田中英光，『オリンポスの果実』，『文學界』1940 年 9 月号；東京：
　　高山書院，1940 年。

——，『酔いどれ船』，東京：小山書店，1949 年。

石川啄木，『時代閉塞の現状』，1910 年。

朴春日，『近代日本における朝鮮像』，東京：未来社，1969 年。

朴慶植，『在日朝鮮人運動史』，東京：三一書房，1979 年。

——，『朝鮮人強制連行の記録』，東京：未来社，1965 年。

尾崎秀樹，『大東亜文学者大会』，『舊植民地文學の研究』，東京：勁
　　草書房，1971 年。

李进熙，『李朝の美と柳宗悦』，『三千里』13，1975 年 2 月。

金达寿，『朝鮮文化について』，『岩波講座——哲学』第 13 巻『文化』，
　　東京：岩波書店，1968 年 8 月。

金時鐘，『猪飼野詩集』，東京：東京新聞出版局，1978 年。

——，『新潟 長篇詩』，東京：構造社，1970 年。

金達寿，『朴達の裁判』，東京：筑摩書房，1959 年。

姜德相，『關東大震災』，東京：中公新書，1975 年。

高史明，『生きることの意味』，東京：筑摩書房，1974 年。

高崎宗司，『柳宗悦と朝鮮』，『朝鮮史叢』1，1979 年 6 月。

高崎隆治，『文学にみる日本人の朝鮮人像——『朝鮮歌集』の貧困』，
　　『三千里』25，1981 年 2 月。

崔夏林，『柳宗悦の韓国美術観』，柳宗悦著，李大源訳，『韓国とその芸術』（韓國과그藝術），首尔：知識産業社，1974 年。

樽井藤吉，『大東合邦論』，私家版，1893 年。（初版署名：森本藤吉）

八 以"非斯大林化"为目标

大河内一男，『勞働保護立法の理論に就て』，『経済学論集』（新巻）3：11，1933 年 11 月。

——，『概念構成を通じて見たる社會政策の變遷（一）』，『経済学論集』（新巻）1：9，1931 年 12 月。

山川均，『山川均自伝 ある凡人の記録』，東京：岩波書店，1961 年；旧版：『ある凡人の記録』，東京：朝日新聞社，1951 年。

——，『転向常習者の手記——うづら飼ひになるまで』，『経済往来』1935 年 8 月号。

山川菊栄、山川振作編，『山川均全集』全 20 巻，東京：勁草書房，1966 年。

中島誠，『転向論序説－戦中と戦後をつなぐもの』，京都：ミネルヴァ書房，1980 年。

内村剛介，『生き急ぐ』，東京：三省堂新書，1967 年。

平野謙，『"リンチ共産党事件"の思い出』，東京：三一書房，1976 年。

石原吉郎，『日常への強制－石原吉郎全詩全評論』，東京：構造社，1970 年。

——，『望郷と海』，東京：筑摩書房，1972 年。

立花隆，『日本共産党の研究』，東京：講談社，1978 年。

伊藤登志夫，『白きアンガラ河——イルクーツク第一捕虜収容所の記録』，東京：思想の科学社，1979 年。

吉本隆明，『〈乞食論語〉執筆をお勧めする－バカの一つおばえ"前衛党なくして"』，『日本読書新聞』，1959 年 2 月 2 日。

——，『不許芸人山門-花田清輝老への買いコトバ』，『日本読書新聞』，1959 年 1 月 12 日。

――，『六・一五事件と私－花田清輝氏に一言』，『週刊読書人』
　　1960 年 11 月号。

――，『転向ファシストの詭弁』，『近代文学』1959 年 10 月号。

花田清輝，『ヤンガー・ジェネレーションへ』，『文学』25：7，1957
　　年 7 月。

――，『ノーチラス号反応あり』，『季刊現代芸術』3，1959 年 6 月。

――，『風の方向』，『現代芸術』1960 年 10 月号（創刊号）。

――，『罪と罰』，『錯乱の論理』，東京：真善美社，1947 年。

長谷川四郎，『シベリヤ物語』，東京：筑摩書房，1952 年；『長谷川
　　四郎全集』，東京：晶文社，1977 年。

――，『鶴』，東京：みすず書房 1953 年。

宮内勇，『1930 年代日本共産党私史』，東京：三一書房，1976 年。

高杉一郎，『極光のかげに』，東京：目黒書店，1950 年；東京：冨
　　山房百科文庫，1977 年；東京：岩波文庫，1991 年。

高畠通敏，『生産力理論――大河内一男・風早八十二』，思想の科学
　　研究会編，『共同研究．転向』中巻，東京：平凡社，1960 年。

高畠通敏編，『山川均集』，『近代日本思想大系』第 19 巻，東京：筑
　　摩書房，1976 年。

埴谷雄高，『洞窟』，『構想』1―2 号，1939 年。

――，『Credo Quia Absurdum――不合理ゆえに吾信ず』，『構想』1―
　　7，1939―1940 年。

――，『死靈』，『近代文学』創刊号，1946 年 1 月号；『死靈 定本』（1―
　　5 章），東京：講談社，1976 年；『死靈 六章』，講談社，1981 年；
　　『死靈 七章』，講談社，1984 年；『死靈 八章』，講談社，1986 年；
　　『死靈 九章』，講談社，1995 年。

埴谷雄高、荒正人編著，『"近代文学"創刊のころ』，東京：深夜叢書社，
　　1977 年。

埴谷雄高、荒正人、平野謙、佐々木基一、本多秋五、山室静、小田
　　切秀雄編，『近代文学』，1946 年 1 月号―1964 年 8 月号。

菅季治，『語られざる真実：菅季治遺稿』，東京：筑摩書房，1950 年。

——,『人生の論理―文芸的心理学への試み』, 東京：草美社, 1950 年。

——,『哲学の論理』, 東京：弘文堂, 1950 年。

菅原克己,『遠い城―ある時代之人の思い出のために』, 東京：創樹
　　社, 1977 年。

九　玉碎的思想

Ike, Nobutaka. *Japan's Decision for War: Records of the 1941 Policy Conferences*. Stanford, CA: Stanford University Press, 1967.

Neumann, Sigmund. *The Future in Perspective*. New York: G. P. Putnam's Sons, 1946；日译本：ジークムント・ノイマン著, 曽村保信訳,『現代史：未来への道標』, 東京：岩波書店, 1956 年。

Lenin, Vladimir. *The State and Revolution*. 1917.

小田実,『難死の思想』,『展望』1965 年 1 月号。

五味川纯平,『御前会議』, 東京：文藝春秋, 1978 年。

日本戦没学生記念会編,『きけ わだつみのこえ』, 東京：東京大学
　　協同組合出版部, 1949 年；新版：東京：光文社, 1959 年；東京：
　　岩波文庫, 1982 年, 新版 1995 年。

吉田満,『戦舰大和ノ最期』, 東京：北洋社, 1974 年；『鎮魂 戦艦大和』,
　　東京：講談社文庫, 1978 年；『戦舰大和ノ最期』, 東京：講談社,
　　1981 年

——,『提督伊藤整一の生涯』, 東京：文藝春秋, 1977 年。

——,『戦中派の死生观』, 東京：文藝春秋, 1980 年。

池重高編,『日本の戦争への決断』), 東京：

参謀本部編,『杉山メモ』, 東京：原書房, 1969 年。

林尹夫,『わがいのち月明に燃ゆ』, 東京：筑摩書房, 1967 年。

家永三郎,『太平洋戦争』, 東京：岩波書店, 1968 年。

黄春明,『莎哟娜拉・再见』,『文季』1, 1973 年 8 月。日译本：田中宏、
　　福田桂二訳,『さよなら・再见 アジアの現代文学――台湾』, 東京：
　　めこん, 1979 年。

森島守人，『陰謀・暗殺・軍刀一外交官の回想』，東京：岩波書店，
　　1950 年。

渡辺清，『海の城一海軍少年兵の手記』，東京：朝日新聞社，1969 年。

――，『戦艦武藏の最期』，東京：朝日新聞社，1971 年。

――，『砕かれた神一ある復員兵の手記一』，東京：評論社，1977 年。

――，『私の天皇観』，友部町（茨城県）：辺境社，1981 年。

鶴見俊輔，『日本知識人のアメリカ像』，『中央公論』1956 年 7 月号。

鶴見俊輔，『知識人の戦争責任』，『中央公論』1956 年 1 月号。

十　戦争時期的日常生活

Longmate, Norman. *How We Lived Then: A History of Everyday Life During the Second World War*. London: Arrow Books, 1971.

茨木のり子，『わたしが一番きれいだった之き』，『茨木のり子诗集』，
　　東京：思潮社，1969 年。

牧瀬菊枝編，『九津見房子の暦：明治社会主義からゾルゲ事件へ』，
　　東京：思想の科学社，1975 年。

守田志郎，『日本の村』，東京：朝日新聞社，1978 年。

美作太郎、藤田親昌、渡辺潔，『言論の敗北：横浜事件の真実』，東京：
　　三一新書，1959 年；新版：『横浜事件』，東京：日本エディター
　　スクール出版部，1977 年。

細川嘉六，『世界史の動向と日本』，『改造』1942 年 8、9 月号。

――，『植民史』，東京：東洋經濟新報社，1941 年。

永井荷風，『断腸亭日乗』全 7 巻，東京：岩波書店，1980―1981 年。

中村智子，『横浜事件の人びと』，東京：田畑書店，1979 年；増補版，
　　1980 年。

十一　原子弹的牺牲者

Churchill, Winston. *The Second World War*. Vol. 6. Boston: Houghton

Mifflin, 1953.

Feis, Herbert. *The Atomic Bomb and the End of World War II*. Revised
edition. Princeton, N.J.: Princeton University Press, 1966.

Guillain, Robert. *Le Japon en guerre: de Pearl Harbour à Hiroshima*.
Paris: Editions de Stock, 1979；日译本：ロベール・ギラン著，
根本長兵衛、天野恒雄訳，『日本人と戦争』，東京：朝日新聞社，
1979 年。

Liddell-Hart, B. H. *History of the Second World War*. London: Cassell,
1970.

Swift, Jonathan. Gulliver's Travels；日译本：ジョナサン・スウィフ
ト著，原民喜訳，『ガリバー旅行記』，東京：主婦之友社，1951 年。

いいだもも（飯田桃），『アメリカの英雄』，東京：河出書房新社，
1965 年。

大田洋子，『屍の街』，東京：中央公論社，1948 年。完本：冬華書房，
1950 年。

――，『人間襤褸』，東京：河出書房，1951 年。

――，『半人間』，東京：大日本雄弁会講談社，1954 年。

大江健三郎，『ヒロシマ・ノート』，東京：岩波書店，1965 年。

井伏鱒二，『黒い雨』東京：新潮社，1966 年。

加藤周一、M・ライシュ（Michael R. Reich）、ロバート・J・リフト
ン（Robert J. Lifton），『日本人の死生観』，東京：岩波新書，1977 年。

松浦総三著，『占領下の言論弾圧』，東京：現代ジャーナリズム出版
会，1969 年。

長岡弘芳，『原爆文学史』，東京：風媒社，1973 年。

――，『原爆民衆史』，東京：未来社，1977 年。

峠三吉，『原爆詩集』，私家版，1951 年；東京：青木書店，1952 年。

原民喜，『夏の花』，東京：能楽書林，1947 年。

――，『心願の國』，遺稿，1951 年。

――，『原民喜作品集』全 2 巻，東京：角川書店，1953 年。

――，『原民喜全集』全 3 巻，東京：芳賀書店，1965―1969 年。

堀田善衛，『審判』，東京：岩波書店，1963 年。

朝日新聞社編，『アサヒグラフ特集』1952 年 8 月 6 日号『特別増刷
　　原爆被害の初公開』。

十二　戦争的终结

Thompson, Patricia. "A Story of England at War." *The Gazette*.
　　Montreal, Canada: November 10th, 1979.

上田広，『原始林の野獣と共に：劉連仁日本潜伏記』，東京：穂高書房，
　　1959 年。

大江健三郎，『沖縄ノート』，東京：岩波書店，1970 年。

大野力，『戦争責任についてのシムポジウム』，思想の科学研究会
　　1959 年夏季大会。

山中恒，『ボクラ少国民』全 5 部：『ボクラ少国民』『御民ワレ』『击
　　チテシ止マム』『欲シガリマセン勝ツマデハ』『胜利ノ日マデ』，
　　東京：辺境社，1974 — 1979 年。

——，『戦中教育の裏窓：子どもが＜少国民＞といわれたころ』，東
　　京：朝日新聞社，1979 年。

中根美宝子，『疎開学童の日記：九歳の少女がとらえた終戦前後』，
　　東京：中公新書，1965 年。

文部省制定，『臣民の道』，1941 年 7 月。

日高六郎編，『1960 年 5 月 19 日』，東京：岩波書店，1960 年。

月光原小学編，『学童疎開の記録』，東京：未来社，1960 年。

北川修，『戦争を知らない子供たち』，東京：ブロンズ社，1971 年；
　　東京：のち角川文庫，1971 年。

市民連合編，『ベトナムに平和を』，収録在『資料・"ベ平連"運動』
　　上巻，東京：河出書房新社，1974 年。

本多秋五，『転向論文学論』，東京：未来社，1957。

——，『物語戦後文学史』，東京：新潮社，1966 年。

——，『"無条件降伏"の意味』，『文芸』17：9，1978 年 9 月。

――，『江藤淳氏に答える』，『毎日新聞』1978 年 9 月 7 日、8 日夕刊。

江藤淳，『もう一つの戦后史』，東京：講談社，1978 年。

――，『忘れたことと忘れさせられたこと』，東京：文藝春秋，1979 年。

住谷一彦，『アカマタ・クロマタ―八重山印象記〈南島の秘密結社〉』，『みすず』56，1964 年 1 月。

住谷一彦，『南西諸島の Geheimkult ―新城島のアカマタ・クロマタ覚え書―』，『南西諸島の神観念』，東京：未来社，1977 年。

沖縄県学務部，『敢て県民に訴ふ民芸運動に迷ふな』，『沖縄朝日新聞』『沖縄日報』『琉球新報』，1940 年 1 月 11 日；『柳宗悦全集』第 15 巻，東京：筑摩書房，1981 年。

松井芳郎，『喪失の戦后史と戦后史の喪失』，『科学と思想』38，1980 年 10 月。

欧陽文彬著，三好一訳，『穴にかくれて十四年：中国人俘虜劉連仁の記録』，東京：新読書社出版部，1959 年。

柳田国男，『海上の道』，東京：筑摩書房，1961 年。

柳宗悦，『国語問題に関し沖縄県学務部に答ふるの書』，『沖縄朝日新聞』『沖縄日報』『琉球新報』，1940 年 1 月 14 日；『柳宗悦全集』第 15 巻，東京：筑摩書房，1981 年。

柴田道子，『谷間の底から』，東京：東都書房，1959 年；東京："岩波少年文庫"，1976 年。

――，『被差別部落の伝承と生活：信州の部落・古老聞き書き』，東京：三一書房，1972 年。

――，『ひとすじの光』，東京：朝日新聞社，1976 年。

高野雄一，『無条件降伏論争の問題点』，『朝日新聞』1978 年 10 月 2 日、3 日夕刊。

野添憲治，『花岡事件の人たち』，東京：評論社，1975 年。

――，『中国人強制連行・花岡事件関係文献目録』，東京：能代文化出版社，2000 年。

陸軍省制定，『戦陣訓』，1941 年 1 月 8 日。

新川明，『新南島风土记』，東京：大和書房，1978 年。

樺美智子著，由樺光子編，『人知れず微笑まん』東京：三一書房，
　　1960 年。

鶴見俊輔、小田実、開高健編，『反戦の論理』，東京：河出書房，1967 年。

十三　回顾

Almond, Gabriel Abraham. *The Appeals of Communism.* Princeton,
　　N.J.: Princeton University Press, 1954.

Edity, R. W. Bowen. *E. H. Norman: His Life and Scholarship.* Toronto:
　　University of Toronto Press,1984；日译本：由中野利子译，『H.
　　ノーマン：あるデモクラットのたどった運命』，東京：リブロポ
　　ート，1990 年。

Hellman, Lillian. *Scoundrel Time.* New York: Little Brown and Co.,
　　1976；日译本：リリアン・ヘルマン小池美佐子译，『眠れない時
　　代』，東京：サンリオ，1979 年。

Norman, E. H. *Japan's Emergence as A Modern State: Political and
　　Economic Problems of the Meiji Period.* New York: International
　　Secretariat, Institute of Pacific Relations, 1940；日译本：大窪愿
　　二訳,『日本における近代国家の成立』東京：時事通信社,1947 年。

——. 大洼愿二編訳，『ハーバート・ノーマン全集』全 4 巻，東京：
　　岩波書店，1977 — 1978 年；増補版 1989 年。

Steinberg, David Joel. *Philippine Collaboration in World War II.*
　　Manila: Solidaridad Publishing House, 1967.

Taylor, Charles. *Six Journeys: A Canadian Pattern.* Toronto: House of
　　Anusi Press, 1977.

三島寛，『辻潤：芸術と病理』，東京：金剛出版社，1970 年。

久野収、鶴見俊輔，『現代日本の思想』，東京：岩波書店，1956 年。

大原緑峯，『石川三四郎魂の導師』，東京：リブロポート，1987 年。

五十嵐暁郎編著，『"北一輝" 論集』，東京：三一書房，1979 年。

井出孫六，『抵抗の新聞人桐生悠々』，東京：岩波書店，1980 年。

太田雅夫，『桐生悠々』，東京：紀伊國屋新書，1970 年

木山英雄，『北京苦住庵記：日中戦争時代の周作人』，東京：筑摩書
　　房，1978 年。

北一輝，『北一輝著作集』全 3 巻，東京：みすず書房，1959、1972 年。

北沢文武，『石川三四郎の生涯と思想』全 3 巻，東京：鳩の森書房，
　　1974—1976 年。

北岡伸一，『清沢洌——外交評論の運命』，東京：中公新書，1987 年；
　　増補版 2004 年。

正木ひろし（本名：正木昊），『近きより』全 5 巻，東京：旺文社文
　　庫，1979 年（重印出版）。

玉川信明，『評伝・辻潤』，東京：三一書房，1971 年。

田中惣五郎，『日本ファッシズムの源流 北一輝の思想と生涯』，東京：
　　白揚社，1949 年。——，『増补版 北一輝－日本的ファシスト象徴』，
　　東京：三一書房，1971 年。

石川三四郎，『石川三四郎选集』全 10 巻，東京：黒色戦線社，
　　1976—1978 年。

——，『石川三四郎著作集』全 8 巻，東京：青土社，1978—1978 年。

伊谷隆一，『非戦の思想』，東京：紀伊國屋新書，1967 年。

辻潤，『辻潤著作集』，東京：オリオン出版社，1970 年。

折原脩三，『"老いる"の構造』，東京：日本経済評論社，1981 年。

松本健一，『若き北一輝』，東京：現代評論社，1975 年。

柏木義円，『柏木義円集』1—2 巻，東京：未来社，1970 年。

家永三郎，『権力悪とのたたかい——正木ひろしの思想活動』（三省
　　堂，1971 年。

桐生悠々，『他山の石』，1934—1941 年。

——，『畜生道の地球』，東京：三啓社，1952 年。

——，『桐生悠々反軍論集』，東京：新泉社，1969 年。

——，『桐生悠々自伝』，東京：現代ジャーナリズム出版会，1973 年。

益井康一，『漢奸裁判史：1946-1948』，東京：みすず書房，1977 年。

馬場伸也，『二つのアイデンティティの狭間で—占領とノーマン〉』，

『アイデンティティの国際政治学』，東京：東京大学出版会，
　　1980 年。

清沢洌，『暗黒日記』全 3 巻，東京：評論社，1970—1973 年。

渡辺京二，『北一輝』，東京：朝日新聞社，1978 年。

——，『近代日本右派社会思想研究』，東京：論創社，1980 年。

滝沢誠，『権藤成卿』，東京：紀伊國屋新書，1971 年。

福島鋳郎、大久保久雄編，『大東亜戦争書誌』全 3 巻，東京：日外
　　アソシエーツ，1981 年。

——編，『戦時下の言論』全 2 巻，東京：日外アソシエーツ，1982 年。

権藤成卿，『権藤成卿著作集』1—7 巻、別巻，伊勢崎：黒色戦線社，
　　1972 年—1991 年。

理想国译丛

imaginist [MIRROR]